福建省示范性普通高中丛书

丛书主编——李迅

砺现代品性 绽百年芳华
——安溪一中建设示范性高中办学实践

林添才 主编

海峡出版发行集团 | 福建教育出版社

图书在版编目（CIP）数据

砺现代品性，绽百年芳华：安溪一中建设示范性高中办学实践/林添才主编. —福州：福建教育出版社，2024.10（2024.12重印）. —（福建省示范性普通高中丛书/李迅主编）.
ISBN 978-7-5758-0113-3

Ⅰ.G639.285.74

中国国家版本馆 CIP 数据核字第 20240DU361 号

福建省示范性普通高中丛书

丛书主编 李迅

Li Xiandai Pinxing　Zhan Bainian Fanghua

砺现代品性　绽百年芳华
——安溪一中建设示范性高中办学实践

林添才　主编

出版发行	福建教育出版社
	（福州市梦山路 27 号　邮编：350025　网址：www.fep.com.cn）
	编辑部电话：0591-83763503
	发行部电话：0591-83721876　87115073　010-62024258）
出 版 人	江金辉
印　　刷	福州印团网印刷有限公司
	（福州市仓山区建新镇十字亭路 4 号）
开　　本	710 毫米×1000 毫米　1/16
印　　张	12.25
字　　数	188 千字
版　　次	2024 年 10 月第 1 版　2024 年 12 月第 2 次印刷
书　　号	ISBN 978-7-5758-0113-3
定　　价	45.00 元

如发现本书印装质量问题，请向本社出版科（电话：0591-83726019）调换。

"福建省示范性普通高中丛书"编委会

丛书主编：李　迅

丛书副主编：余志丹　江金辉

丛书编委：陈　欣　龙超凡　魏建龙　徐容容

本书编委会

主　　编：林添才

副 主 编：林松青　廖志宏　刘振强

本书编写组

主　　编：林添才

副 主 编：王妙婷　王贵枝

本书编委：谢金发　谢恩佩　黄海枫　王燕茹　詹晓蓉
　　　　　李世福　许圣娇　黄世贤　许永顺　陈华枢
　　　　　肖江波　李艺龙　苏杰能

丛书序

高中应让孩子一生热爱

经历世间种种者回顾起自己的高中阶段，常常有"平生不会相思，才会相思，便害相思"之感。高中阶段是一个人身心发展、自我意识和能力提高、思想观念进一步丰富的重要时期，深刻且难忘。就人才培养全过程而言，这也是非常关键的阶段，因此，"谁掌握了高中，谁就掌握了未来"！

福建省历来重视教育，前人留下"独中青坑"的佳话。当代福建中学教育更能有效帮助学生德智体美劳全面、健康、可持续发展，"高考红旗"的美誉就蕴含着社会各界对福建教育的充分肯定。新时期福建高中教育如何守正创新、勇毅前行？基于这一思考，福建省系统构建高中教育的发展，从达标到示范，从县域高中提质到乡村高中固本，从特色高中到综合高中等进行全面规划。其中，"培育创建示范性普通高中"是推进普通高中高质量发展的重要举措。

2016年4月，福建省人民政府办公厅印发《福建省"十三五"教育发展专项规划》（闽政办〔2016〕67号），要求巩固提高普通高中发展水平、着力推进优质高中建设、推动高中多样化特色发展，明确"重点建设一批高水平、高质量的示范性高中"，提出"到2020年，省级示范性高中达35所左右、若干所高中进入全国一流行列，省一级达标高中和示范性高中在校生比例达45%左右"。

2017年11月，福建省教育厅发布的《关于遴选培育福建省示范性普通高中建设学校的通知》（闽教基〔2017〕53号）提出：通过培育省级示范性普通高中建设学校，进一步强化立德树人根本任务，进一步创新教育管理机制，进一步深化课程教学领域改革，强化内涵建设，有效提高人才培养质量和办学水平，建设形成内涵深厚、质量优异、特色鲜明、高考综合改革成果突出、社会公认、辐射带动作用显著的省级示范性普通高中35所左右，其中若干所教育教学改革取得重大突破，成为有全国影响力的知名高中。

经各地市推荐，2018年福建省教育厅将44所学校立项为首批示范建设高中，建设周期为2018年至2021年；强调学校应在办学理念实践、学校文化创建、教师专业发展、体育与健康教育、社会服务、特色发展等方面充分发挥示范作用，引领全省普通高中多样化有特色发展，力争在教育教学、教育管理等方面改革取得重大突破，发展成为有全国影响力的品牌高中，若干所跻身国际知名高中行列；要求坚持开放办学理念，立足当地、影响全市、辐射全省，每所示范建设高中须重点选择省内不超过4所公办普通中学开展对口帮扶（帮扶期与示范高中培育建设期同步），提高公办独立初中与公办薄弱高中办学水平，实现示范高中建设效益最大化。同时明确，项目建设实行"省级统一指导、市县协调推进、学校具体实施"的管理体制，按照"一校一案"组织实施；预发《福建省示范性普通高中建设学校过程评价及确认评估指标（试行）》，适时组织专家组进行过程性指导与评价。

省教育厅决定探索学校教育综合评价新路，提出"评估必须利于所有高中学校的真正发展"的基本原则，组成的评估组必须以"不找学校报材料、不给学校增负担"为要求，构建"大数据搜集、多维度分析、分层级对标"模式，提高监测评估信息化水平，适时开展调度评析，主要指出各学校在培育过程存在的问题，以进一步提升学校内涵。评估开展前期，省教育厅邀请华东师范大学等高校的教育专家对此项工作进行了实地且系统的指导，于2020年1月正式组建"福建省示范性高中研究组"（即评估组），成员由省教育科学研究所、省普通教育教学研究室、省电化教育馆等研究机构相关专业人员组成；在省教育厅全过程指导下，福建省示范性高中研究组对示范性高中项目建设开展常态化监测评估，召开中期或阶段或年度评估过程协调会议，及时指导学校有的放矢地发展，适时提交相关报告供决策参考。

2022年，确认30所学校高中部为"福建省首批示范性高中"，示范期为三年（2022年至2024年），在示范期满后结合示范辐射情况重新予以评估确认，其余14所暂未认定的示范建设高中继续推进示范创建工作，在一年后视建设推进情况再行组织评估审核确认工作。同年，15所学校被立项为第二批示范建设高中，建设周期为2022年至2025年。

新时代，党中央、国务院高度重视普通高中教育，从高考综合改革、新课程新教材实施、评价改革、办学活力激发等方面作出顶层设计，大力推进普通高中育人方式改革，推动普通高中多样化特色发展，促进学生全面而有个性地发展，为学生适应社会生活、高等教育和职业发展作准备，为学生的终身发展奠定基础。福建省坚持以习近平新时代中国特色社会主义思想为指导，全面贯彻党的教育方针，落实立德树人根本任务，坚持五育并举，深化育人关键环节和重点领域改革，围绕加强党建引领、创新课程体系、改革育人方式、优化管理制度、提高教师素质、改进评价方式等重点任务，持续推进示范高中建设，充分彰显优质学校办学风格，健全完善优质学校辐射带动区域教育发展的有效机制，助力加快构建优质均衡基本公共教育服务体系，促进我省普通高中优质创新发展、多样特色发展。省教育厅要求，30所首批示范性高中，应结合示范辐射定位，着眼于全方位高质量发展，自行确定优势特色项目，积极创建综合优质品牌高中，或聚焦某一方面特色优势，着力打造高水平特色示范高中。同时，要主动担当，勇于作为，充分发挥示范辐射作用，实施全方位深度结对帮扶，促进对口学校办学质量和水平显著提升，不断扩大优质教育资源覆盖面。

党的二十大首次作出"教育、科技、人才"三位一体战略部署，对下一阶段推进普通高中育人方式改革提出新的更高要求。站在新的历史起点上，如何总结提炼三十所首批示范高中的办学经验，进一步推动我省高中教育发展？在福建省教育厅的支持下，在福建教育出版社的帮助下，福建省基础教育研究院（德旺基础教育研究院）拟推出"福建省示范性普通高中丛书"。期待这套书的出版能努力做好福建普通高中高质量发展的时代答卷。为此，一要紧紧围绕国家重大战略的人才需求，科学设计拔尖创新人才培养机制与路径，提高人才自主培养质量；二要紧紧围绕育人目标，推进学生综合素质的科学评价及有效运用，切实破除"唯分数论"的顽瘴痼疾；三要紧紧围绕学生发展的多样化需求，实现普职融合；四要紧紧围绕智能时代带来的机遇与挑战，实现教师角色转型及高中教与学的深度变革，不断提升育人质量。

新时代，新气象，愿示范高中大胆探索，改革创新，成为落实立德树人、人才培养创新、课程教学改革、教师队伍建设等方面的示范，引领和带动全省普通高中以及基础教育各级各类学校高质量发展，续写示范高中项目建设的新篇章。

李　迅
2023 年 9 月 1 日

代序

砥砺前行　铸就典范
——记福建省安溪第一中学创建示范性普通高中奋斗历程

福建省安溪第一中学，历史悠久，底蕴深厚。在时光的长河中，学校始终秉承"勤·实·严·毅"之校训，弘扬"勤奋笃实　严谨刚毅"之校风，坚持"以人为本·守正创新·面向全体·关注个性"之办学理念，致力于培养一代又一代的杰出人才。面对新时代的挑战与机遇，学校并未满足于现状，而是选择砥砺前行，踏上了创建省级示范性普通高中的新征程。

一、思想领航，科学谋划，党建引领

在创建示范性普通高中的征程中，学校始终坚持以习近平新时代中国特色社会主义思想为指导，认真学习贯彻习近平总书记关于教育的重要论述，不断夯实基础教育发展基础，努力办好人民满意的教育。

学校坚持党的全面领导，专门成立了建设领导小组，强化组织领导，明确目标责任，制订科学清晰的工作标准，统一思想认识，凝聚师生力量，统筹推进省级示范性高中创建工作。

我们认真学习贯彻全国教育大会精神和中组部、教育部党组关于加强中小学校党的建设工作的意见，结合学校实际设立党建办，创新开展党建工作，充分发挥党建引领作用。通过党总支的系统谋划和党员教师的示范引领，学校扎实推进了"清溪杏坛"党员教师结对活动与名师团队建设的完美嫁接，组建了党员名师"双培养"工作室，为教师的专业成长和教育教学水平的双提升注入了强大动力。

二、优化硬件，提升档次，强化支撑

在学校创建省级示范性普通高中的奋斗历程中，优化硬件设施、提升办学档次是不可或缺的一环。学校始终以强化硬件设施为支撑，为教育教学质量的提升提供坚实的物质基础。

坚持全面规划，完善基础设施。学校特邀专业机构对校园进行全面规划，确保每一项建设都符合示范性高中的标准。学校大门改造、教科研楼、体育馆等建设已顺利完成，体育馆内部设施及各运动锻炼场地设施得到完善。值得一提是攀岩基地的建设，为学生提供又一特色的运动锻炼项目。

加大提质改造，构建教学基地。学校对照相关标准，先后对图书馆、实验室、录播室等主要功能室及食堂进行大规模改造，投入资金超1000万元。经过改造，各功能室的使用效率得到显著提升，设备更新，环境焕然一新。同时，学校还新建了通用技术专用教室和劳动实践基地，为学生提供了更为丰富的实践机会。学生阅览室与教师阅览室的装修布置，更是将茶文化与儒家文化相融合，让师生在书香茶香中享受阅读的乐趣。

建设智慧校园，提高信息化水平。学校至道智慧校园系统已建设完成，并与"钉钉"等其他便于教育教学应用的平台初步融合，极大地减轻了教师的工作负担。同时，学生电子阅览室的建设完成，为学生的网络学习提供了有力保障。智慧校园建设，不仅提升了学校的信息化水平，也为教育教学方式的创新提供有力支持。

搭建文化阵地，提供展示平台。学校注重校园文化的育人实效，不断完善文化阵地建设。目前，蛟腾广场、凤起广场、勤实广场及各文化墙建设已完成，这些文化阵地不仅美化了校园环境，也为学生提供了展示自我、交流思想的平台。同时，这些文化阵地的建设也提升了我校的校园文化品位，为我校创建省级示范性普通高中增添了独特的文化魅力。

三、立德树人，以德为先，五育并举

在创建省级示范性普通高中的过程中，学校紧扣党的教育方针与政策，结合自身实际，将千年圣庙与传统书院相结合，探索构建了以"一切为了学生健康成长"为核心，以"德智体美劳"五育为着力点的"五者兼备"德育工作体系，努力将学生培育成具有"涵养懿德者、好学力行者、强健体魄者、求真尚美者、勤毅乐劳者"五者兼备的学子，使其具备适应自己终身发展和社会发展需要的必备品格和关键能力，从而不断提升学生发展的核心素养，助力学生终身学习与发展，彰显了"多元第一 品质引领"的办学特色，引领学生"成就最好的自己"。

整合校本资源，推进德育建设。学校围绕"五者兼备"德育工作体系，有效整合学校校本德育资源。积极同铭选中学、恒兴中学、凤城中学等4所学校构建了凤城片区德育共同体，充分利用各校不同资源、不同校情，进行德育工作体系、德育工作制度、德育特色活动等的互动交流与展示。深入挖掘和传承中华优秀传统文化，开设了以儒学经典传承为特色的德育校本课程。通过《大清名相李光地》《安溪地方文化》等校本教材的编写和使用，让学生在领略先贤智慧、感悟家乡文化的同时，不断增强国家认同感和文化自信心。此外，学校还组织了丰富多彩的德育实践活动，如观看优秀传统戏曲进校园演出、开展学习二十四式太极拳等体育活动，让学生在实践中感悟德育的真谛。

转变理念方式，丰富体育活动。学校优化体育课程设置，加大运动设施投入，指导学生充分利用课余时间进行体育锻炼。在继续办好足球特色校的基础上，学校还引进了陆上赛艇与攀岩等新兴运动项目，丰富了校园体育项目与课程内容。通过转变传统校运会举办方式、组织国际篮球明星赛等多彩体育活动，激发学生对体育运动的热爱和兴趣，进一步提升并塑造了学生"强健体魄"的意念与形象。

深入挖掘资源，加强美育建设。学校不仅一直以来都按照国家要求开齐开足音乐课、美术课、书法课，还结合地方文化开设具有儒学特色的艺术课程，创建书法、主持人、辩论、朗诵、音乐、舞蹈、表演、动漫等多个社团，培养学生艺术爱好，尽量让每个学生至少学习并掌握一项艺术技能。学校每年开展校园科技文化艺术节、迎新晚会、社团汇报演出等文艺活动，并与校外艺术团体，如安溪高甲戏剧团、安溪文化馆等建立合作关系，在学校开设传统戏剧课程和茶艺表演课程。为丰富学生的课外生活，学校在吴伯桢教学楼前小广场搭建了小舞台，从周一至周五，各年段按班级轮流登台演出。同时，学校还充分利用社会与本土资源，邀请艺术团体到校演出、组织师生参与各类艺术赛事、开设地方特色艺术课程等，进一步激发了学生的艺术热情和活力。

四、加强教研，深度培训，优化师资

在追求卓越、迈向省级示范性普通高中的奋斗历程中，学校坚持以学铸魂、以学增智、以学正风、以学促干，不断深化教师队伍建设改革，全面提升教师专业素质与能力，着力引导、支持、激励、保障广大教师坚守为党育人、为国育才初心使命，做信仰良师、学问良师、道德良师，努力成为学生为学、为事、为人示范的"大先生"，逐步形成"源头活水　教学相长"之教风，有力回答"强国建设教育何为、教师何为"这一时代课题。科研的力量与师资的优化一直是我们前行的两大支柱。本校通过持续不断地努力，在这两方面取得了显著成效，为学校的跨越式发展奠定了坚实基础。

拓宽引进渠道，加强队伍建设。学校坚持到名牌高校招聘研究生学历以上人才到校担任专任教师，同时打破师范壁垒，广泛吸纳有教师资格的非师范专业优秀研究生。这一举措不仅丰富了学校的师资队伍，也为教育教学理念的更新注入了新的活力。学校现有正高级教师1名，特级教师3名，高级教师110名。各级名师骨干有：全国模范先进3人，省名校长1人，省学科带头人4人，省骨干教师5人；市教学名师3人，市学科带头人23人，市骨干教师35人。校长林添才，被评为"福建省中学名校长""全国百佳美育校长""全国智慧大课堂指导专家"，被聘为泉州市人民政府特约督学、福建教育学院兼职教授、泉州师范学院客座教授；主持全国基础教育教学课题3项，曾获市基础教育教学成果特等奖、省基础教学成果二等奖。名师大师，皆善教喻，和易以思，春风化雨，满苑芳华。

优化教研工作，强化教研氛围。学校通过建立团队动态评估机制，以"过程评价"监控教学品质和教学素养，激发团队成员的内在动力。开展优秀校本练习、优秀团队等评选活动，激发教师的教研热情。同时，学校组织青年教师全员参与本学科教学技能竞赛，并进行相应奖励，以赛促教、以赛促研。此外，学校还积极组织教师参加各级各类的竞赛活动，通过岗位练兵、实战操练提升教师教育教学技能。这些举措有力地推动了我校教科研向深度发展，形成了合作中竞争、竞争中合作的和谐教育教研氛围。

发挥学科引领，强化精细化管理。学校依据新课改要求并结合学校教学实际，在备课、上课、辅导、批改、考试等各个环节对教师提出了更具体的规定和要求。通过制订一系列精细化管理方案，确保了教学工作的有序进行。同时，学校特别重视公开课、研磨课等活动的开展，精心遴选骨干教师、学科带头人、备课组长等开设公开课，展示他们的教学风采。此外，学校还加强对名师、学科带头人、骨干教师的管理监督，确保其在教学和科研中发挥引领作用。

加强培训学习，丰富教学经验。学校充分利用各种培训项目，深度整合教育资源。积极组织教师参与省市各类骨干培训和各级部门组织的教育培训活动。同时争取教育主管部门等上级部门的支持，选派教师到外省市名牌中学考察和跟岗学习。此外，学校还邀请名师到校开设专题讲座，分享他们的教育理念和教学经验。为了进一步提升教师的专业素养，图书馆还采购充实了最新的教育学专著，为教师提供了丰富的阅读资源。

五、构建体系，落实制度，彰显特色

在省级示范性普通高中建设的道路上，学校不断探索和实践，实施了多样化课程体系、自主化选课模式、个性化学习方式、发展性评价机制，构建了"基础—拓展—学术—特色"和"勤实严毅"课程群相结合的四级四翼立体课程体系，以落实国家课程标准和省级示范性高中建设要求的学科核心素养和学业质量标准。通过贯彻特色的办学定位、构建完善的课程体系以及落实科学的管理制度，为学生的全面发展提供了有力保障。

科学化布局，构建全面前沿课程体系。学校高度重视课程建设的系统性和前瞻性，通过成立课程建设开发领导小组、课程建设指导委员会等多个职能组，定期召开统筹会议，确保课程建设工作的有序推进。学校制订了《安溪一中新课程实验工作方案》和《安溪一中高中新课程学业评价和学分管理办法》等规章制度，实现了课程体系的全面升级。

校本化探索，彰显国家课程创新活力。在推进国家课程校本化进程中，学校充分发挥学科课程组和"名师工作室"的引领作用，围绕学科核心素养，重构课程内容，提供分层教学和个性化作业。通过顶层设计、立体展开、推广辐射的"三步走"战略，学校逐步构建起"目标整体、结构多元、尊重选择、发展个性"的课程体系，实现了课程教学的结构性变革。

地方化融入，打造特色精品校本课程。基于"文庙渊源 儒学底蕴"的学校文化，学校积极开发拓展类课程，目前已完成二十多门具有儒家经典文化和地方特色的校本课程教材编写工作。同时，学校还联合社会办学资源，通过丰富的社团组织和社会实践活动，让学生深入了解家乡文化，拓宽视野。

智慧化校园，拓展在线学习优质资源。在智慧校园建设方面，学校已全面整合校内图书馆及校外优质教育资源，打造了丰富的在线学习平台。通过课程教学效果评定、学生兴趣特长发展需求等标准，学校评选出一批优质课程作为在线选修课程，为学生提供了更加灵活多样的学习选择。

走班制实践，优化现代教学动态管理。学校积极推行走班制教学管理模式，通过学生的"自主选课—课程调整—二次选课—确定分班"的选班程序实现课程的动态调整和优化。同时，利用智慧校园系统和大数据技术全面协调、优化走班管理过程，确保了教学过程的科学性和高效性。

六、转变方式，创新教学，综合评价

在创建省级示范性普通高中的道路上，学校通过转变教学方式、创新教学模式、推动学生个性化学习以及完善综合素质评价平台等多维度改革，为培养新时代优秀人才奠定了坚实的基础。

创新教学方式，激发学习热情。面对课程改革的新要求，学校积极响应，构建新型教学模式，引导学生从传统的被动接受知识转向主动探索、合作学习。通过推出结合学生实际的校本练习，提高了教学的针对性和有效性；通过执行周练习的布置、批改及抽查制度，强化了学生对知识的掌握程度；通过评选"课堂上的名师"，激发了教师不断更新教学方式的热情；通过智慧校园建设，为教师提供了先进的教学信息技术培训，让科技成为提升课堂教学质量的强大助力。在"少教多学"课题成果的基础上，学校深入研究并全面推广高效课堂教学模式。在"读读、议议、练练、评评"的课堂主线下，结合学生素质能力类型特点，创建了启发式、探究式、讨论式、项目式、翻转式等多样化的课堂教学方式。通过实验，我们欣喜地看到课堂教学效率的显著提升和学生探索精神的有效培养。

依托现代技术，制订个性方案。依托导师制和智慧校园、智慧课堂等网络环境，学校指导学生制订个性化的学习目标、内容和进度。学校利用大数据学情分析技术，帮助学生进行生涯规划和选修课的选择，实现自主、合作、探究等学习方式。同时，学校引入"智学网""小猿搜题""百度帮"等教学平台和工具，为家长、教师、学生提供自主探索学习的平台，让学习更加精准、高效。

健全评价体系，提升综合素质。在综合素质评价方面，学校不断健全学分认定制度，完善学分认定实施细则，形成日常学习评价与考试评价相结合的学分认定和学业评价成套体系。学校引进至道智慧校园平台，对接省综合素质评价平台，全面落实学生综合素质评价，初步形成适合本校的实施方案。同时，学校积极拓展综合实践活动新途径，与多家茶企和藤铁工艺企业建立校企共建关系，为学生综合实践能力培养提供了广阔的平台。

七、示范引领，帮扶共建，辐射带动

在创建省级示范性普通高中的道路上，学校始终秉持开放办学的理念，积极发挥示范高中的引领和辐射作用，不仅在本校的教育教学上追求卓越，更致力于与兄弟学校携手并进，共同提升教育水平。

深化帮扶机制，实现资源共享。在县教育局的大力支持下，学校与漳州港尾中学、永春美岭中学、安溪俊民中学、安溪第二十中学等学校建立了帮扶关系，并签订了帮扶协议。学校不仅在图书、教学资源网站等教育教学资源上实现了实质性共享，还将在未来进一步完善各种帮扶机制，深化与帮扶学校的交流与合作。学校通过定期的学术交流、教学研讨、资源共享等活动，实现与帮扶学校的深度交流与共建，共同推动各校教育教学质量的提升。

打造开放平台，传播先进经验。学校着力打造市教学公开周和学校开放日活动，吸引了众多周边兄弟学校的参与和交流。作为福建省优质学科建设校（生物）和泉州市生物学科教学联盟基地校，学校依托省学科活动和学科教学联盟活动，积极传播我校生物学科较为先进的学科教学和竞赛辅导经验。这些活动不仅展示了我校的教育教学成果和特色，也为兄弟学校提供了相应的学习和交流机会。

  回望过去，我们为取得的成绩感到自豪；展望未来，我们深知任重道远。学校将赓续优良办学传统，发扬艰苦奋斗精神，不断深化改革创新，把学校办成一所凸显"学生清澈、教师清亮、家长清爽、管理清新"现代品性的省级示范性普通高中。我们相信，在全体师生的共同努力下，学校一定能够成为一所享誉全国的示范性普通高中，为安溪乃至全省的教育事业作出更大的贡献！

目录

第一章　承千年文脉　建百年名校 …… 1
第一节　文渊千载　溯流追源教泽绵长 …… 1
第二节　根植清溪　筚路蓝缕兴学育人 …… 15
第三节　百载巍巍　与时舒卷共续华章 …… 21

第二章　党建领航风帆正　初心如磐行致远 …… 30
第一节　初心如磐勇担使命　凝心聚力共育英才 …… 30
第二节　多元发展落地生花　强化特色铸就品牌 …… 36

第三章　强化立德树人宗旨　提升铸魂育人实效 …… 46
第一节　五者兼备：德育工作有思路 …… 46
第二节　队伍建设：德育工作有保障 …… 52
第三节　阵地育德：德育工作有手段 …… 57

第四章　拓宽强师之路　筑牢教育之基 …… 64
第一节　构建园丁攀升路径　培育匠心卓越"好老师" …… 64
第二节　倾力构建教育高地　锻造新时代的"大先生" …… 71
第三节　优化发展评价体系　塑造新时代的"教育家" …… 83

第五章　聚焦课程建设　全面提升教育品质 …… 88
第一节　深化课程体系　促进内涵发展 …… 88
第二节　探索课程生态　助培核心素养 …… 93
第三节　深培教育沃土　优育人才尖兵 …… 104

第六章　加强体育美育劳动教育　筑牢立德树人基石 ……………… 113
第一节　以体健身　培养阳光少年 ……………………………… 113
第二节　以美育心　彰显文化力量 ……………………………… 120
第三节　以劳树德　锤炼高尚品格 ……………………………… 127

第七章　勇当改革先锋　巧提育人质量 …………………………… 134
第一节　管理提质　激发改革"内动力" …………………………… 134
第二节　教学改革　构建精准教研模式 ………………………… 142
第三节　特色发展　育人方式转型升级 ………………………… 147
第四节　示范辐射　共画教育"同心圆" …………………………… 156

第八章　描绘未来画卷　迈向现代品性 …………………………… 164
第一节　千年文庙源远流长　百年老校桃李芬芳 ……………… 164
第二节　传承优秀文化基因　再续时代发展篇章 ……………… 170

第一章

承千年文脉　建百年名校

于混沌中顽强生长，于新时代下熠熠生辉，有着百年历史的安溪一中，自建校起的一个世纪里，始终与国家命运紧密相连与中国教育事业息息相关。学校努力走在中国教育教学改革与发展的前列，争当现代化教育事业的"排头兵"，更是将教书育人的芳香散播千家万户。学校在发展过程中，受惠于各级政府、社会各界与地方力量的支持，一直怀着感恩之心、诚挚之情积极奉献社会，努力服务地方教育事业，把"促进学生全面而有个性的发展，为学生适应社会生活、接受高等教育和确定职业发展方向做准备"作为办学价值定位，全力培养出"五者兼备"的优异学生，努力培养德智体美劳全面发展的社会主义建设者和接班人。在多年的教育实践积累下，在学校先进的教学与育人理念下，在环境优美的龙凤园中，一代又一代的龙凤园学子正茁壮成长，他们以实际行动践行着新时代一中精神，在社会各界发光发热。教学之路依旧"漫漫而修远"，但安溪一中将始终"上下而求索"，为将学校办成具有现代品性的省级示范性高中，为中国教育事业的腾飞添砖加瓦。

第一节　文渊千载　溯流追源教泽绵长

安溪历来尊师重教，五代后周显德二年（955），安溪建县后，乡间就有社学和私塾存在。安溪文庙始建于北宋咸平四年（1001），是县学的所在地，亦是安溪古代的最高地方学府，更是安溪地方人文兴盛的主要标志。其时，年轻人进入文庙，"广以习之，优以赡之，邦圣亲师，严以约束之"。自此后，位于福建东南荒僻之地的安溪，儒风大行，文风蔚起，承担着为安溪培养人才的重任，也被人称为"龙凤名区"。

学校的历史可溯源于安溪县学（安溪文庙）和考亭书院。作为安溪最负盛名的中学，学校前身为安溪公立中学，是安溪县第一所县立中等学校，它继承古代文庙重教兴学的优良传统，在艰难曲折中不断发展，成为远近闻名的福建省名校。如今，学校已是省级示范高中建设学校，成为了安溪县培养人才的重要基地。回顾学校百年的发展，可以说是在国家民族危难中诞生，在坎坷曲折中不断前进的。

一、1924~1949年，战乱困顿中摸索前进

此时期，国家饱受战乱之苦，社会动荡不安。学校自1924年2月创办后，经历安溪公立中学、安溪矿务学校、安溪县立简易乡村师范学校、安溪县立初级中学、安溪简易师范学校五个阶段，在国家战乱困顿中摸索成长。

安溪文庙崇圣殿

安溪文庙明伦堂

清末民初，受到西方教育的影响，废科举、兴学堂成为教育改革的一种潮流。新式学校兴办后，安溪的中等学校教育发展却严重滞后。很长一段时间，安溪学子上中学都需到外地去，求学十分困难。当时，社会上一些有识之士及旅外安溪乡侨也多次倡办中学，但都因时局动荡无法实现。在多方长期努力下，1924年2月，安溪公立中学正式在安溪文庙创办，校址设在文庙的明伦堂，首任校长由辞去县长职务的李敬仲担任，教员中有不少来自福州、厦门、东山等地。首届招生50人，学制三年，经费由田税局附加供给。同年秋天，招收第二届新生52人，同时辟崇圣殿为教室。从此，在安溪文庙，安溪有了自己的中等学校。1925年5月，陈国辉部队攻入安溪县城，占明伦堂为旅部，将办学经费挪为军用，枪杀时任校长谢济川，迫使学校停办。在安溪人民的努力下，1926年秋，安溪公立中学复办，与小学部合称为安溪公学。1927年春，因战乱学校又停办，学生只好到他校求学。

因邑中学子上学困难，民众对重新创办安溪中学呼声较高。1930年，陈佩玉筹办安溪中学，建校舍于县城城隍庙东邻，即考亭书院内。同年秋，安溪中学校舍即将竣工，县里决定创办安溪矿务学校并附设初中班，

师生于考亭书院内合影

由陈允敦担任校长。1931年秋，安溪矿务学校正式创办，招收高中矿物专业一班，正式学生12名。由于校舍新建，校具全部新式，更突出的是拥有他校所无的验矿仪器，且师资雄厚，于是又兼办初中附设普通科，计划招收初中新生40人。1932年春，又招初中新生一班40人。安溪矿务学校成为当时华南地区唯一的培养矿业人员的学校。1932年秋，安溪县政府决定将安溪矿务学校的初中部收回自办，成立安溪县立乡村师范学校。安溪矿校则迁往泉州寄办于晦鸣中学，后因局势所迫宣告停办。

1936年春，福建省教育厅要求各县乡村师范改为简易师范，故安溪县立乡村师范学校改称为安溪简易师范学校。1937年秋，安溪简易师范学校改制为安溪县立初级中学。至1940年秋，简师班全部毕业，共培养6届200多人，他们绝大多数人走上教育服务岗位，成为当时安溪教育事业的骨干力量。

1937年8月，安溪县立初级中学成立，首届招生初中新生122人，学制三年。10月，为躲避战乱，集美师范等校迁往安溪文庙，并借用县立初级中学部分校舍直至1946年。安溪人民在艰难困苦的日子里，大力支持集美学校办学，安溪也被誉为抗日战争时期的"西南联大""集美学村的延安"。而集美学校内迁安溪，也造福了安溪人民，安溪学子获得了更多的教育机会。著名华人企业家李尚大、李陆大兄弟和著名画家黄永玉等一大批名人，都是那个时期的集美学生。其中李尚大、李陆大兄弟捐资兴学，为安溪一中后来的快速发展作出了卓越的贡献。

1945年秋，省政府核准同意安溪简易师范学校暂时附设在安溪县立初级中学，1946年至1947年共招收四届学生。1946年春，集美中学迁回原址，安溪县立初级中学由考亭书院迁往安溪文庙及明伦堂。1946年秋，此时的安溪县立初级中学初具规模，全校共有12个班860人，1948年1月，安溪县立简易师范学校又并入安溪县立初级中学，设立简师班。

1924年2月至1949年春，在社会各界人士的大力支持下，学校创办起来，在国家饱经困苦的大环境下，广大师生艰苦奋斗，坚持办学育人，此时期学校共招收学生4200多人，为社会输送了不少人才。

二、1949～1966 年，新中国的曙光下成长

伴随着新中国的成立和快速发展，这个时期的学校历经安溪县立人民中学、安溪县立中学、安溪中学、安溪一中四个阶段，从大力发展基础设施、完善制度建设等方面入手，学校办学走上正轨并取得了卓著的成长。

1949 年 8 月底，安溪全境解放，安溪县立初级中学改校名为安溪县立人民中学，县文教科长黄选卿兼任校长，学校基本录用原有的教职工。同时，学校取消旧学的训导制度，推行民主管理，取消"党议""公民"等课程。

1950 年春，学校改名为安溪县立中学，仅招初中新生。8 月，省教育厅准予学校增设高中班。至此，安溪县立中学正式成为安溪县第一所完全中学。根据上级要求，学校应建立团组织、少先队、学生会和进步的职工组织。1950 年 6 月，安溪县立中学召开第一次师生工友代表大会，学校开始推行民主管理。1951 年 2 月，根据上级取消国立、省立、县立区别的通知，学校更名为安溪中学。学校先后成立中国少年儿童安溪中学大队部、学生会和中苏友好协会组织。同年 12 月，学校召开第四届师生员工代表大会，教育工会、共青团、少先队、中苏友好协会代表参加，学校逐步进入民主管理轨道。1953 年 2 月，根据省教育厅统一规定，各中学用数字命名，安溪中学被命名为福建省安溪第一中学。1954 年 8 月起，学校开始建新教室和运动场，经上级党委批准，学校成立党支部，学校各项工作逐步走上正轨。

1958 年，县政府确立学校新校址在先声尾寮。1959 年，学校被确定为晋江地区 15 所重点中学之一。1960 年秋，高中一、二年级搬到尾寮新校舍上课。此期间得到了当地政府和群众的大力支持，1961 年 3 月，学校与城厢砖文大队协议，把后割沙园 30 亩永远拨给学校做农场基地，学校师生遂在农场基地开展劳动实践。在三年困难时期，学校实行粮食低标准、瓜菜代方案，勤工俭学，劳动实践起了一定弥补作用。1966 年 5 月，学校组织高中毕业班参加毕业考试，还推荐部分高二学生参加高考，后来

因"文化大革命"爆发高考被取消。

1949年秋至1966年春，学校与共和国同步成长，学校紧紧抓住这个发展机遇，师生一心搞建设、抓教学，快马加鞭促进教学基础设施的建设和完善，教学质量有了大幅的提升，其间共培养了7000多名学生，许多人成为了社会各界建设发展的骨干。

安溪中学校徽

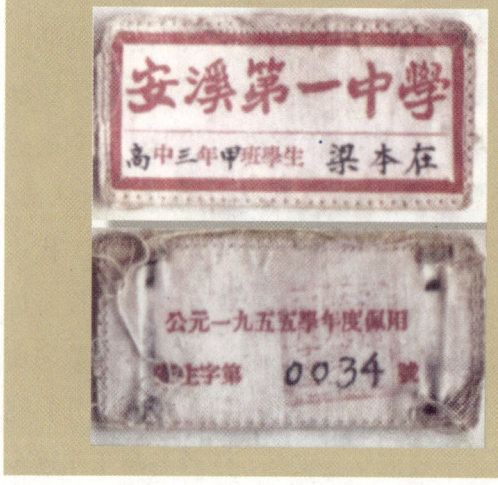

安溪第一中学校徽

三、1966~1976年，蹉跎岁月里曲折前行

1966年5月，"文化大革命"拉开序幕，学校停课闹革命，学校教师参加县学习班，尔后陆续"解放"，参加"工作组""宣传队"工作，从此学校许多工作处于瘫痪状态。此时期，学校历经城厢中学、城关中学两个阶段，1966年至1969年春学校实际停止招生。1967年、1968年两届的高、初中毕业生，虽未完成学业，但皆视同毕业。在这段蹉跎岁月中，学校在曲折中前行。

1969年秋，根据上级提出"队有小学、社有中学"的要求各公社增办中学，学校改称为安溪县城厢中学，学校也从安溪文庙搬至先声尾寮（今址）。当时仅有教学楼3栋、学生宿舍及教师宿舍2栋、办公楼1栋、实验室1栋4间、厨房1栋，暂时可以提供复课条件。除几栋校舍外，学校没有围墙，没有树木绿化，于是学校除组织学生在校园内开荒种植地瓜苗、蔬菜外，还发动学生挑沙、挑石头自己砌围墙。如今校园内不少树木就是当年种植的。学校师生自力更生的精神至今仍然激励着新时代的一中人不忘初心、砥砺前行。

1969年10月，学校正式复课，仅招历届程度不齐的学生入学，设9个班、454名学生，初、高级学制均为两年。1970年春，学校规模扩大，初、高中继续招生，仅初中就招收10个班，473人。1972年后，学校各项工作逐步正常开展，开始重视教学质量。但1973年至1976年政治形势的变化，学校正常教学秩序受到影响。这一时期，先后取消过物理、化学、生物、史地、美术学科，代之为工业基础、农业基础，体育课曾改为军体课。1976年底，学校终于开始恢复正常的教学秩序。

四、1977～1999年，改革开放春风中壮大

1977年，国家开始拨乱反正，特别是党的十一届三中全会后，趁着改革的春风，学校复名安溪一中，学校配齐领导班子、壮大师资队伍、加强制度建设，狠抓教学质量，教学水平得到大幅度的提高，得到了社会各界的广泛认可，也迎来蓬勃发展、不断壮大的时期。

1977年8月，学校改名为安溪县城关中学。是年底，全国恢复高考，学校一名考生考上福建师范大学。1978年6月，学校复名为福建省安溪第一中学，并被确定为晋江地区重点中学。1978年，学校贯彻全国教育工作会议精神，进一步拨乱反正，学校的各项工作逐步走上正轨。尤其是党的十一届三中全会以来，学校进入一个新的发展阶段，学校领导班子充实配齐，一大批教师、大专毕业生充实学校教师队伍，学校的领导力量、师资队伍不断充实，学校规模不断扩大，教学条件日臻完善，学校管理制度日

益健全，学校教学质量不断提高。学校新领导班子从抓校风入手，首先制订3项校规10条，后修订形成16项常规，形成一套学校管理规章制度。同时加强教师队伍建设，扩建校舍，增添教学设备，促进教学质量提升。

1980年12月，学校被福建省教育厅列为全省71所重点中学之一。1981年4月，福建省人民政府正式确定学校为福建省重点中学，当年高考考生庄闽生作文《毁树容易栽树难》获福建省状元卷。1982年，学校首次被福建省委、省政府授予"文明单位"称号，学校高考录取人数首次突破百人大关。1983年，学校获评为省首届音乐周活动先进单位，并获团中央授予"全国红领巾读书读报活动先进集体"称号。

1984年4月，学校在全县率先召开首届教代会，推进民主管理。1985年，校长廖祖烈在首届教代会二次会议上提出以"勤实严毅"抓校风，从此"勤实严毅"成为学校校训，促进了良好校风形成，学校也被评为"福建省教育先进单位"。1986年，学校高考上线人数破200人大关。1985年2月，学校校友会成立，广泛联络校友。此后，侨亲校友先后到学校捐资捐物，帮助学校改善办学条件，特别是老校长王瑞璧先生发起捐建学校食堂，校友柯其香先生独资捐建校友楼。尔后，侨亲校友又捐建语音室、侨贤楼，为学校创建达标学校创造条件。1992年12月，学校被省教育厅确认为"福建省普通中学二级达标学校"。1993年，29名校侨亲校友捐建侨贤楼。1994年11月，学校举行建校70周年庆祝活动，叶飞、卢嘉锡等领导题词祝贺。福建省委原书记项南、省长胡平亲临学校参观、题词。

1995年起，学校把争创一级达标中学提到重要议事日程，积极创造条件。标准田径体育场、景昀科学楼先后建成，学校也先后被评为"国家级规范化示范考点""省普通中学劳动技术教育先进学校"。1997年7月，全国校园文学报刊协会暨全国校园文学研究中心第二届年会在学校成功举办；学校高考录取人数突破500人大关，会考成绩达到一级。1999年，学校顺利通过一级达标市级验收；学校以初中部为主体开办凤城中学，成为高级中学，争创国家级示范高中成为学校新的奋斗目标。

在改革开放快速发展的浪潮中，全校师生团结一致，抓住时代赋予的发展机遇和挑战，狠抓建设和发展，学校用7年的时间，实现从二级达标学校到一级达标学校的跨越；用短短20年，达成了全校只有1人考取福建师范大学到高考录取人数突破500人大关的成就，这也是全校师生践行"勤·实·严·毅"校训的生动体现！

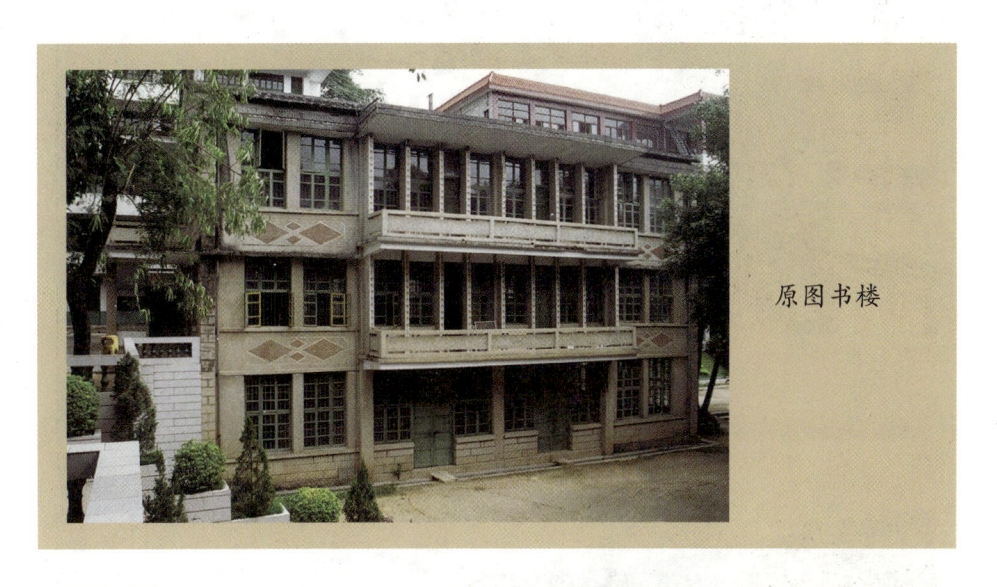

原图书楼

原教工宿舍1号楼

原学生宿舍楼

原学生膳厅

五、2000年至今，在新世纪中走向辉煌

进入21世纪以来，学校在原有的发展基础上，不断加大教学教育改革力度，持续凝练办学特色，在铸就具有现代品性中学的目标的指引下，取得了快速的发展。

2000年，学校申报一级达标校顺利通过省级验收，被确认为"福建省普通中学一级达标学校"。是年，学校高考考生上线录取人数首次突破千人大关。2001年，4名学生考上清华大学、北京大学。2001—2004年，学校先后建成"三馆"（吴思敏图书馆、吴伯桢电教馆、李振羽艺术馆）、新学生宿舍楼三栋（瑞璧楼、昆祝楼、炳悌楼）、食堂（吾文楼）及吴伯桢教学楼，学校图书馆于2007年被确认为福建省示范图书馆，办学条件进一步改善。2006年秋，学校实施高中新课程改革，成为泉州市实验样本校。2008年，学校教代会明确提出"打造福建基础教育品牌，争创国家级示范高中"的办学目标，"以人为本，和谐发展，面向全体，关注个性"的办学理念，"多元第一，品质引领"的办学特色。2009年起，实施"名师工程"，加强特色办学。2011年，高考成绩优异，有5人考上清华大学、北京大学，创历史最好纪录。2012年，学校学生参加奥林匹克竞赛，5个学科均获一等奖的大满贯。2013年8月，学校3名学生参加全国生物学科奥赛，分获金、银、铜牌，其中获得金牌的2014届考生李鸿德入选国家队，并当场被清华大学提前录取，连创校史、县史纪录。2014年4月，学校高中1981届校友陈志坚当选美国科学院院士，并在学校举行的建校90周年庆典活动中重回母校为师生作报告。李梓晨在2020年10月参加全国中学生物奥赛中获得金牌，入选国家队，2021年，正式签约录取清华大学。当年，学校共有5名考生考取清华大学、北京大学。4月，安溪县政府决定让学校恢复初中招生，并把参内中学并入学校，命名为"安溪一中城东校区"。

2022年3月，学校入选福建省首批省级示范性普通高中。学校以此为新的发展契机，将建设"学生清澈、教师清亮、家长清爽、管理清新"的现代品性示范性高中校作为发展目标，以"重内涵""强特色"为抓手，强化师德师风引领，让"师德""师能""师智"齐头并重；加强生涯发展指导，引导教师占据教研"新高地"、掌握专业"新技能"；坚持做大总量、提升质量不动摇，通过培养优秀学生、塑造"五者兼备"的一中学子形象，让学生的个性、创造、梦想得到无限延伸、迸发壮大；实践"多元第一，品质引领"的办学特色，在学科竞赛跑道上实现师生同育，聚合机构培优、自主培优互补优势，更新教师、学生、家长三方教育理念，创新"拔尖培优""特色培优""基础培优""定向培优"四种方式，为资优学生更好发展和学校现代品性建设破局开路，在五大学科竞赛中共收获7枚国家奖牌，133人次获省级奖牌，入选学科竞赛全国百强高中榜。

　　改革开放后40多年来，学校始终以"办好人民满意的教育"为己任，紧紧抓住时代发展赋予的责任，将"勤·实·严·毅"校训薪火相传，培养了8万多名学子，2万多人考上大专以上院校，其中有近百名考生被清华大学、北京大学录取。

安溪一中发展历程简要脉络

◆1924～1949年，战乱困顿中摸索前进

安溪公立中学

1924～1925年，校址：安溪文庙明伦堂。

1926～1927年春，校址：安溪文庙崇圣殿（1926年秋至1927年春，安溪公立中学与小学合并为安溪公学。1927年秋至1931年春，因战乱学校停办）。

安溪矿务学校

1931年9月～1934年1月，校址：考亭书院、晦鸣中学（1931年9月～1932年7月，附设初中普通科，校址：考亭书院。1933年秋安溪矿务学校迁往泉州晦鸣中学续办）。

安溪县立乡村师范学校

1932年8月～1933年1月，校址：考亭书院。

安溪县立简易乡村师范学校

1933年2月～1936年1月，校址：考亭书院。

安溪简易师范学校

1936年2月～1937年7月，校址：考亭书院。

安溪县立初级中学

1937年8月～1946年1月，校址：考亭书院。

1946年2月～1949年8月，附设简师，校址：安溪文庙。

◆1949～1966年，新中国的曙光下成长

安溪县立人民中学

1949年9月～1950年7月，校址：安溪文庙。

安溪县立中学

1950年8月～1951年1月，校址：安溪文庙（1950年8月，经省教育厅核准，学校改称完全中学）。

安溪中学

1951年2月～1953年7月，校址：安溪文庙。

1953年8月～1969年9月，校址：安溪文庙（1958年学校校址先声尾寮，始建新校舍，1960年秋高中部在先声尾寮校址上课。1959年，安溪一中被确定为晋江地区15所重点中学之一）。

◆1966～1977年，蹉跎岁月里曲折前行

安溪县城厢中学

1969年10月～1977年7月，校址：先声尾寮（1969年10月11日，学校复课，校址迁至先声尾寮今址，现毓秀路128号）。

◆1977~1999 年，改革开放春风中壮大

安溪县城关中学

1977 年 8 月~1978 年 7 月，校址：先声尾寮。

安溪第一中学

1978 年 7 月，学校复名为"福建省安溪第一中学"。

1978 年 8 月至今，校址：先声尾寮（毓秀路 128 号）（1981 年 4 月 25 日，省政府正式确认安溪一中为省重点中学。1992 年 12 月 28 日，安溪一中被省教委确认为省二级达标中学）。

1999 年 7 月，安溪一中初中部正式分离，成为高级中学。

1993—1999，持续获评"省级文明学校"。

◆2000 年至今，在新世纪中走向辉煌

2000 年 5 月 7 日，学校被省教育厅确认为"福建省一级达标中学"。

2000—2014，持续获评"省级文明学校"。

2015 年至今，持续获评"省级文明校园"。

2016 年 7 月，原参内中学并入安溪一中，改为"安溪一中城东校区"。

2019 年 1 月，被省教育厅确认为"福建省首批示范性普通高中建设学校"。

2022 年 12 月，通过专家组的评估被省教育厅确认为"福建省首批示范性普通高中"。

第二节　根植清溪　筚路蓝缕兴学育人

凡是多年没有走进安溪一中校园的校友，一回到学校，都会赞叹学校真的是旧貌换新颜。

百年来，由一个山区县城的一所普通中学发展成为福建省示范高中校，安溪一中始终秉承根植清溪，以培养茶乡子女、服务茶乡发展为己任，在服务安溪经济社会发展过程中兴学育人。学校的每一步发展都离不

开党和政府、广大校友、社会各界人士，尤其是安溪海外侨亲、社会乡贤的鼎力支持，在学校历届领导班子的带领下，学校的现代品性逐渐清晰、坚定。

一、海外侨胞情系桑梓，重教兴学关爱有加

安溪是侨乡，广大海外侨亲情系桑梓，发扬重教兴学传统，捐建许多学校，极大地改善了安溪办学条件，安溪一中就是其中的受益者。学校现在的多数校舍是由侨亲、校友捐建的，其中有9幢楼房由李陆大先生资助建设。

李陆大先生（前排左二）视察学校发展情况

李陆大先生是旅居新加坡著名的安溪籍实业家、慈善家，他十分关心学校的发展。1996年，在得知学校发展需要加强基础建设时，他捐资125万元（人民币，下同）资助学校建设科学楼，该楼奠基后他追加捐资30万元。1999年，学校冲刺实现一级达标，李陆大先生表示愿资助建设图书馆大楼。学校当年接受一级达标验收，就是以李陆大先生捐建的图书馆效果图纸，让图书馆项目验收顺利过关。2000年4月，在征得李陆大先生的同意后，将建设图书馆、电教馆、艺术馆"三馆"合一同时投建，正式命名为"吴思敏图书馆""吴伯桢电教馆""李振羽艺术馆"（吴思敏是其岳父，吴伯桢是其内

兄，李振羽系其儿子）。经审计，学校"三馆"建筑总面积7862 m²，投入资金816.89万元，李陆大承诺出资60%，实际捐资500万元。

2000年，学校一级达标挂牌后，李陆大先生又决定捐建学生宿舍和食堂，共计600万元。2003年11月，学校根据事业发展需要拟兴建综合教学楼，安溪县人民政府同意学校兴建综合教学楼的申请后，李陆大先生再次决定捐资助建综合教学楼，大楼决算690多万元，其中李陆大先生捐资130万元。在综合教学楼落成庆典会上，省政府向李陆大先生颁发了"福建省捐资公益事业突出贡献奖"奖章，并立碑表彰，中共安溪县委向其颁发"捐赠家乡公益事业特大贡献奖"。此外，李陆大先生先后在学校周年庆典、教师节等重要节点，出资慰问、购置制作校庆服装、购置宿舍铁床等。1997年至2004年李陆大先生为学校捐资兴学共1468.3万元，为学校发展做出特大贡献。2007年2月16日，李陆大先生在新加坡逝世，学校代表出席送别仪式，缅怀李陆大恋祖爱乡、乐善好施的高风亮节。

抗日战争时期集美学校内迁安溪办学，李陆大先生是当时的学子。当时学校腾出了校舍，与集美学校学子共赴国难、共渡难关。多年后，学成归来的莘莘学子挂念家乡养育、感念学校栽培，也成就了一段佳话。

二、学子情深心系母校，捐资助教寸草春晖

百年来，近8万名学子在学校求学，校友遍布海内外。1985年2月，"安溪一中校友会"成立后，福州、厦门等地纷纷成立分会，校友与母校联络日益增多。广大校友用不同方式关心、支持母校。

1985年起，王瑞璧老校长、柯其香、林朝花、李荣扬、林木荣等老校友先后荣归母校。在老校长、老校友带动下，校友、侨亲热心捐资助建学校校舍。1987年，柯其香、曾星如、林成章、李尚大等10位校友侨亲捐建学校日善厅（在状元墓右侧）1幢，建筑面积1400 m²，造价39万元，于1989年投入使用。1988—1989年，校友柯其香、林朝花伉俪独资捐建校友楼一幢，建筑面积658 m²，造价17万元。1990至1991年，王瑞璧、柯其香、李荣扬等30名校友、侨亲捐建教学楼3号楼，建筑面积3312 m²，

校友柯其香（中）、林朝花（左二）夫妇回母校与老同学合影

造价68万元。1993—1994年，王瑞璧、柯其香、李荣扬等29名校友侨亲捐建侨贤楼1幢，为现在的行政办公楼，建筑面积3380 m^2，造价127万元。

除了捐资兴建基础设施，众多教学、行政设备也得到广泛的资助，极大促进了学校的教育教学工作的开展。1985—1988年，校友林永因、曾星如、叶秀元和侨亲张恒山先后捐复印机、摄像机。1991年，李荣扬等四人捐赠港币10万元，购置图书16125册。1999—2003年，校友、侨亲为学校图书馆捐书28310册，其中包括李纯青夫人捐书692册；2004年校友林文侨捐建电子屏幕等器材。2014年在学校建校90周年校庆期间，广大校友踊跃捐资捐物，校友叶春阳、龚严冰各捐20万元建设安溪一中校史室，雕像"雷锋"、雕塑"翔"、中央喷水池等一大批建筑、教学器材也在此期间获得捐赠和捐建。

此外，各类基金会的设立也增强了学校的办学实力。1991—1992年，校友林夏水引进刘鸿基、林锥伉俪捐资购置语音室设备，之后又引进刘鸿基、林锥奖学基金会，至2023年，有近600名学生获得"刘鸿基、林锥奖学金"奖励。1995年，校友陈福接引进王永庆之女王雪龄设立"台湾大众电脑奖学基金会"。校友谢文坚、王东海分别捐资300万元设立"谢文坚教育基金会""东海慈善基金会"。

吃水不忘挖井人，历届校友感念母校培育，用各种方式支持学校的建设与发展，展现了一中人向上向善的精神风貌。在历届校友的鼎力支持下，学校教育教学软硬件设施水平得到极大的提升，为广大师生创造了良好的工作、学习环境，极大地促进学校的快速发展。

三、各级领导关怀备至，社会各界关心不已

学校百年的历史，是历代一中人奋斗的历史，也是一部领导关怀、社会各界关心支持的历史。

新中国成立，安溪县立初级中学被人民政府接管后，学校获得新生。1959年，学校被确定为晋江地区重点中学，从此之后，在安溪县委、县政府的关心指导下，学校按照重点中学的标准不断发展，班子建设、教师队伍建设、经费设备、招生考试，学校的重大活动、重大基建项目纳入县委县政府的议事日程，并在设立奖教奖学、引荐校友支持等诸多方面对学校重点关照。1984年，胡平省长莅校视察，关心学校体育场建设。1991年，陈应辉县长亲自主持征地划拨土地40多亩建设新体育场，于1996年建成交付使用。2013年，县政府决定实施一中南大门改造工程，造价163万元。2014年，动工建设学校科研楼，建筑面积10660 m^2，投资2530万元。2017年，动工建设蛟腾体育馆，建筑面积3966.91 m^2，投资1306.8132万元。2018年后，学校校园道路改造、设备更新、天桥电梯、网络建设等建设项目县委县政府均给予大力支持。正因如此，学校发展迅速，1980年成为省重点中学、1992年实现二级达标、2000年实现一级达标、2022年成为福建省首批示范性高中，实现了跨越式发展。

学校作为安溪教育的窗口学校，得到了上级领导的殷切关心和悉心指导，项南、胡平、庄炎林、陈明义、何少川、刘金美、潘心城、汪毅夫等领导多次视察学校；卢嘉锡、叶飞、彭珮云、张怀西等原国家领导人先后为学校题词；著名学者冰心，中国教育学会原会长张承先、名誉会长顾明远也为学校校门题词，尤其是老省长胡平对学校的题词"养在深山人未识，走向天涯才更高"给一中师生莫大的鞭策。

安溪各乡镇、科局、单位、兄弟学校对学校的办学也给予了极大的支持。学校所在地先声村，对学校多次征地给予大力支持。社会各界人士以不同形式资助学校办学。1997年教师节，学校召开"办好一中知我见"座谈会，各界人士当场捐资29万元；同年，王泉成资助20万元，作为奖教奖学基金。2014年校庆期间，社会各界人士捐款1000余万元，其中福建三安集团捐资100万元。2018年，安溪唐信家具有限公司捐资300万元设立唐信教育基金。2023年，福建省五洲建设集团有限公司捐资100万元，作为学校教科研经费。

学校躬身服务于安溪教育的发展，培养了众多安溪青年学子，活跃于社会各行各业，服务于国家的建设发展，与地方各界保持了紧密的联系，也结下了深厚的友谊。这份情谊既是学校发展的基石，更是学校发展的动力，鞭策学校每一个师生员工努力工作，回报安溪及社会各界的鼎力支持。

第三节　百载巍巍　与时舒卷共续华章

学校创办于1924年，先期兴教于名冠八闽的千年文庙，其间曾移至朱熹讲学的考亭书院，现校址背倚凤山、面朝笔架、濒临蓝水。千年圣庙与传统书院，为学校积淀了丰厚的人文底蕴。学校发展至今，现有在校生4472人，教职员工327人，在编在职教师289人，其中高级教师107人，一级教师130人。

近百年风雨，百年沧桑，一代代的学校师生，筚路蓝缕、青蓝以继；今日一中，教育事业蒸蒸日上，办学条件不断改善，教学设施日臻完善，教科研水平和教育质量持续攀升，把最初的简易学堂发展成一方名校。近年来，学校还被评为"全国学校体育工作示范校"、"中国田径协会单位会员"、"全国教育科学'十四五'规划教育部重点课题实验基地校"、"中国人民大学书报资料中心学科共建基地"、"省级文明校园"、省"先进基层党组织"、"福建省青少年校园足球示范校"、"福建省优质学科建设校"（生物）、"泉州市艺术教育先进单位"、"泉州市首批学科教学联盟基地校"（生物）、"泉州市首批学科教学联盟校"（语文、化学、历史）等。

一、课堂教学改革各展其美，各竞其芳

经过多年探索实践，学校各个学科初步形成了独特的教学模式，如语文学科的大单元教学、英语学科的项目式学习、化学学科的问题探究式学习和生物学科的先修教学模式，教学改革各展其美、各竞其芳，取得不俗的成效。

语文学科大单元教学实践。语文大单元教学立足学科核心素养，站在更高的角度，把一个学段作为整体通盘考虑，跨年级进行知识的有效迁移，重构符合教学实际的新知识系统，使课堂内容有拓展，教学环节更紧凑，教学活动更丰富。该教学实践还原了语文学习的人文性和丰富性，让语文学习真正有效地植根于心，提高学生的学习质量。真实情境下的语文大单元教学贯彻新课程理念，从更大的视野建构新的教学系统，提升课堂效率。

英语学科项目式学习。项目式学习以兴趣激发为前提，以解决问题为核心，以提升自主学习能力为目标，具有真实的学习情境、严谨的探究过程、灵活的交互方式、自主的知识建构等突出特点。可以为学生综合发展提供系统性支持，有效促进学生对知识的迁移和深度理解，从而获取核心素养与关键能力，提升独立判断和主动创新能力，锻炼了学生的创造力与团队合作意识和领导力，还有制订计划以及执行项目的能力。

英语学科项目式学习活动

化学学科问题探究式课堂教学。根据中学化学学科的特征及实践中的归纳和总结，学校构建了"问题—实验探究式课堂教学"教学模式。根据具体学情及教材内容的特点、重点、难点，将课程内容"问题化"，以"你知道吗""想一想"或"是什么"等问题链的形式创设若干情境问题，引导学生阅读相关内容，思考相应知识，反思相关问题，激发学生学习兴趣，从而引入新课。以"为什么""有什么"等形式创设若干情境问题，引导学生对教材的重难点进行深入充分的思考、分析、交流、讨论，并让学生表达自己的所思、所感、所悟，从而掌握教材的核心知识内容，培养学生科学思维与方法等核心素养。

生物学科先修教学模式。生物教学不仅要传授给学生生物学科的知识，更重要的是培育学生生物学科的核心素养，即生命观念、科学思维、科学探究和社会责任4个方面内容。学校以现代化信息技术为支撑，先让学生通过多媒体观看实验过程的视频，在充分调动学生的学习兴趣之后，带领学生进入实验室，进行生物演示实验，让学生亲自参与实验的验证，总结出规律和性质，产生强烈的切身感受，促成学生感受新知的自主愿望实现，增强学生的探究能力。

课堂教学改革成效显著。近年来，高考成绩节节攀升，五大学科竞赛捷报频传。2019年以来，学校在五大学科竞赛中共收获7枚国家奖牌（1金3银3铜），32人获省一等奖，57人获省二等奖，44人获省三等奖，并有1人入选国家集训队，入选学科竞赛全国百强高中榜。2023年，高考特殊线上线率达81.88%，600分以上的有167人。学校被复旦大学、东南大学、北京理工大学确立为"优质生源中学"。中考成绩优异，学校荣获"安溪县初中教育教学质量建设先进学校"。教育教学质量稳步提升，并高位运行，在全县教育系统擎旗领头。

学科竞赛名表

时间	姓名	竞赛项目	等次	授奖单位
2019—2020	李梓晨	第29届全国中学生生物联赛	金牌	中国科协
2021—2022	陈毅辉	第30届全国中学生生物竞赛	银牌	中国科协

续表

时间	姓名	竞赛项目	等次	授奖单位
2021—2022	陈伟顺	第30届全国中学生生物竞赛	银牌	中国科协
2021—2022	刘铭煊	第35届中国化学奥赛决赛	银牌	中国科协
2022—2023	沈辉源	2023年全国中学生生物学联赛	银牌	中国科协
2021—2022	李凯	第30届全国中学生生物竞赛	铜牌	中国科协
2022—2023	王歆萌	2023年全国中学生生物学联赛	铜牌	中国科协
2021—2022	刘铭煊	第35届中国化学奥林匹克（初赛）	省一等奖	中国化学会
2020—2021	郑力彰	第34届中国化学奥林匹克（初赛）	省一等奖	中国化学会
2020—2021	何萌萌	第34届中国化学奥林匹克（初赛）	省一等奖	中国化学会
2020—2021	刘铭煊	第34届中国化学奥林匹克（初赛）	省一等奖	中国化学会
2021—2022	林旭煊	2021年全国高中数学联赛（福建赛区）	省一等奖	中国数学学会
2021—2022	李祚祎	2021年全国高中数学联赛（福建赛区）	省一等奖	中国数学学会
2021—2022	王锦尧	2021年全国高中数学联赛（福建赛区）	省一等奖	中国数学学会
2020—2021	李梓晨	第29届全国中学生生物联赛	省一等奖	全国生物竞赛委员会
2020—2021	肖楚楚	第29届全国中学生生物联赛	省一等奖	全国生物竞赛委员会
2020—2021	肖宇鹏	第29届全国中学生生物联赛	省一等奖	全国生物竞赛委员会
2020—2021	刘达宏	第29届全国中学生生物联赛	省一等奖	全国生物竞赛委员会
2019—2020	王博琳	第28届全国中学生生物联赛	省一等奖	省教育厅
2019—2020	马琛壕	第28届全国中学生生物联赛	省一等奖	省教育厅
2019—2020	许艳婷	第28届全国中学生生物联赛	省一等奖	省教育厅
2019—2020	龚钜枅	第28届全国中学生生物联赛	省一等奖	省教育厅
2019—2020	周敏思	第33届中国化学奥赛初赛	省一等奖	中国化学会
2022—2023	王歆萌	2023年全国中学生生物学联赛	省一等奖	省教育厅
2022—2023	沈辉源	2023年全国中学生生物学联赛	省一等奖	省教育厅
2022—2023	吴银鸿	2023年全国中学生生物学联赛	省一等奖	省教育厅
2022—2023	黄家祥	2023年全国中学生生物学联赛	省一等奖	省教育厅

续表

时间	姓名	竞赛项目	等次	授奖单位
2022—2023	陈作为	2023年全国中学生生物学联赛	省一等奖	省教育厅
2022—2023	林泽斌	2023年全国中学生生物学联赛	省一等奖	省教育厅
2022—2023	张煜涵	2023年全国中学生生物学联赛	省一等奖	省教育厅
2021—2022	陈毅辉	第30届全国中学生生物联赛（福建赛区）	省一等奖	全国生物竞赛委员会
2021—2022	陈伟顺	第30届全国中学生生物联赛（福建赛区）	省一等奖	全国生物竞赛委员会
2021—2022	李凯	第30届全国中学生生物联赛（福建赛区）	省一等奖	全国生物竞赛委员会
2021—2022	陈泽毅	第30届全国中学生生物联赛（福建赛区）	省一等奖	全国生物竞赛委员会
2021—2022	傅铭梽	第30届全国中学生生物联赛（福建赛区）	省一等奖	全国生物竞赛委员会
2021—2022	吴毓焜	第30届全国中学生生物联赛（福建赛区）	省一等奖	全国生物竞赛委员会
2021—2022	许耿阳	第30届全国中学生生物联赛（福建赛区）	省一等奖	全国生物竞赛委员会

二、课外活动展现传统特色，成绩斐然

学校的校园文化在悠久的历史文化底蕴的熏染下，以各类活动为载体，倡导学生的综合实践和切身体验，创建了许多影响深远的特色品牌。在做好课堂教学改革的同时，学校内外兼修，课外活动开展得特色出彩、成绩斐然。

学校现有48个社团。云帆文学社、辩论社、音乐社、舞蹈社、天文社等多类校园社团，常态化举办的体育节、科技文化艺术节、读书节等活动，为学生提供了多样的展示自我的平台；学校充分利用安溪地域特色，开创安溪铁观音和藤铁工艺的"双铁"劳动特色教育项目，形成劳动品牌；开创攀岩、陆上赛艇和校园小舞台等艺体品牌项目。一流的设备设

施，丰富多彩的活动，多元化的平台，助力学生德智体美劳"全面而有个性"地成长。

云帆文学社是全国百佳社团，近年来曾与福建省语文学会、《读写》杂志编辑部、《海峡读写研究》杂志社、海峡语文网共同主办"校园文学社在线笔会"活动，具有一定影响力。此外，云帆文学社经常组织成员到文庙进行采风活动，体验描红、拓印，品味古代绝伦建筑里的人民智慧、历史渊源，感受满怀清旷安宁。

《云帆》文学社采风活动

在文庙诵读《论语》的儒学环境中，社员们深刻体会孔子至圣的思想，感受儒学魅力。采风活动促进了文庙管委会与云帆文学社深度交流融合，激发学生对儒家文化的兴趣，提升了学生的写作水平和文化素养。2023年，在第十六届全国中学生创新作文大赛中，谢昀修同学获二等奖，陈阳同学获三等奖；学校48位学子在县中学生现场作文竞赛中获奖。

汉风社举办开展的活动也是独具特色。演出《泱泱华夏》中，再现了汉、唐、宋、明四个朝代的历史特点，同时也展现了"文庙渊源，儒学底蕴"的学校特色文化。从汉朝的礼仪之邦，到盛唐乐坊中的《胡旋舞》，学生演绎的胡旋女弦鼓一声双袖举，回雪飘飖转蓬舞的神态生动形象；从宋朝苏东坡的《水调歌头》，到明朝《绣春刀》里的党争腐败以及忠义志士的骨气，学生融入情感的角色扮演令人拍案叫绝。

汉风社在小舞台展演《泱泱华夏》

除了儒学底蕴厚重的社团和活动，学校在其他领域也成绩斐然。美术专业每年都有一批人才被清华大学美术学院、中国美术学院、中央美术学院等名牌院校录取。校园足球活动在省市有广泛的影响力，学校足球队14次获市足球锦标赛冠军。田径队、乒乓球队、攀岩队、陆上赛艇队在省市比赛中屡获佳绩。近年来，田径队曾在福建省青少年田径冠军赛暨中学生联赛中勇夺团体总分及男子团体总分一等奖、女子团体总分二等奖，陆上赛艇队和攀岩队则在省示范性高中陆上赛艇及攀岩展示活动中荣获团体一等奖。值得一提的是，詹毅琳同学曾在2021年福建省青少年田径冠军赛暨中学生联赛男子110米栏预赛中打破福建省中学生纪录，获得冠军。艺术、体育等高品位校园活动，促进了学生全面而有个性地成长。

三、校园环境创建以文化人，以美润品

几十年来，学校始终在不断优化育人环境，校园做到绿化、净化、美化、教育化，以美好的校园环境浸润学生的心田。

在安溪文庙办学期间，环境幽雅，校运动场有大片的果树，树木成荫，成为师生学习、运动和休闲的好地方。20世纪80年代以来，学校重视校园文化建设，尽量让校园成为一本鲜活的教科书，每一面墙会说话，

每一片绿地会抒情，每一个景点给人启示，每个角落有美的蕴意。学校重视校园环境"以文化人、以美润品"的功能，不断升级改造优美的校园环境，力求实现"教室书房化，环境课程化"。同时，还精心安排校园环境的布局设计："蛟腾""凤起"文化石刻上寄托着每一个一中人成长成才、各显其能的美好祝愿，"勤实""严毅"校训石碑铭刻着每一名学生求学为人、立身处世清风正气的教诲，"爱拼才会赢""输人不输阵""仁义礼智信"的文化墙上更是写满了流传千古的儒家古训和闽南佳话……

学校文化石刻及文化墙一隅

百年来，一代代的一中人在龙凤园砥砺耕耘，薪火传衍，涌现出一大批杰出校友，活跃在社会各行各业，做出自己的贡献，展现出了一中人的风采：

凭借在分子生物学领域的开创性研究成果而当选为美国国家科学院院士的陈志坚教授；

填补了国内空白、领导研制了银河10亿次巨型计算机的陈福接少将；

暨南大学党委书记、新闻学教授、博士生导师林如鹏；

厦门大学经济学院院长、王亚南经济研究院院长周颖刚；

南京邮电大学副校长汪联辉；

清华大学环境学院长聘教授、博士生导师、国家"万人计划"科技创新领军人才温宗国；

中国科学技术大学教授、博士生导师、取得亚纳米拉曼成像成果的董振超；

全国人大代表、全国政协委员、华侨大学第三任校长的陈觉万教授；

福建省人民政府副省长、党组成员林瑞良；

福建省厦门市人民政府党组成员、副市长廖华生；

现任新华社副秘书长兼国家金融信息大厦管委会主任、国金大厦发展有限公司董事长徐姗娜；

中国教育学会原常务副会长郭永福；

党的十六大代表、亚运会国际女子帆船 470 型项目冠军陈秀梅；

……

在新时代，学校将秉承"勤·实·严·毅"的校训，弘扬"勤奋笃实·严谨刚毅"的校风，坚持"以人为本·守正创新·面向全体·关注个性"的办学理念，发扬"担当使命、追求精致、合力有为、幸福奉献"的新时代一中精神，开展"领军教师培养行动"助推师者成长，形成"源头活水·教学相长"的教风；在"科、工、文、艺"四大领域探索个性化育人模式，五育并举，凝练龙凤园学子"五者"形象，强化"博学笃行·爱拼敢赢"的学风，不断彰显"多元第一，品质引领"的办学特色，为师生的终身发展搭建更为坚实的平台，全力推进学校新的跃升与腾飞，把学校办成一所"学生清澈、教师清亮、家长清爽、管理清新"的现代品性示范高中校。

第二章

党建领航风帆正　初心如磐行致远

作为一所具有近百年办学历史的老校，安溪一中始终坚持在党的领导下开展办学活动。新时代以来，学校党总支以习近平新时代中国特色社会主义思想为指导，落实立德树人根本任务，牢记为党育人、为国育才使命，加强党对教育的全面领导，坚持党建统领教育、统领思政、统领育人等各项工作。为深入贯彻实施福建省委提出的深化拓展"深学争优、敢为争先、实干争效"行动，充分发挥学校党总支在办学治校中的领导和凝聚作用，按照"抓党建促教育、抓党员促教师、抓党风促行风"的工作思路，以队伍建设为支撑点，扎实推进师德师风建设；积极开展"一支部一品牌"创建活动，紧扣"标准＋特色"建设理念，促进党建与教育融合，全面促进学校各项工作有序开展，引领学校高质量发展。

第一节　初心如磐勇担使命　凝心聚力共育英才

教育是国之大计、党之大计，作为福建省示范性高中校，学校党总支坚持以习近平新时代中国特色社会主义思想为指导，深刻把握"培养什么样的人、如何培养人、为谁培养人"要求，围绕党建促进教学质量提升，结合上级党委"双培养"工程要求，在实现学校党建与教育教学融合方面不断地进行理论探索与实践创新，着力开创学校党建工作与教学工作有机融合的新思路、新变化和新格局，努力创建具有我校特色的"双培养"工作模式，助力教师政治成长和教育教学质量"双提升"，提高学校党组织的向心力、战斗力、凝聚力，为学校发展赋能增效。

一、凝心铸魂，增强政治向心力

党的二十大报告强调，要着力增强党组织政治功能和组织功能，把基层党组织建设成为有效实现党的领导的坚强战斗堡垒。长期以来，学校党总支着力抓牢政治建设，牢牢把握"学思想、强党性、重实践、建新功"的总要求，以党的创新理论深化铸魂赋能。

（一）坚持把政治建设摆在首位

习近平总书记指出，"我们党作为马克思主义政党，讲政治是突出的特点和优势，共产党不讲政治还叫共产党吗？"学校党总支把旗帜鲜明讲政治作为党支部建设的首要任务，精心组织历次主题教育并总结活动成果，通过制定《安溪一中落实全面从严治党"两个责任"任务分解方案》《安溪一中全面从严治党工作目标责任考核细则》，形成具有学校特色的有效机制，把政治工作放在首要位置，强化全面从严治党主体责任意识，明确全面从严治党主体责任清单，不断提升党总支的政治判断力、政治领悟力、政治执行力，坚定拥护"两个确立"，自觉增强"四个意识"，坚定"四个自信"，坚决做到"两个维护"。

（二）加强党的创新理论武装

政治上的坚定源于理论上的清醒，因此党的理论创新每前进一步，理论武装就要跟进一步。近年来，学校党总支按照上级党委的要求，精心组织"两学一做"学习教育、"不忘初心、牢记使命"主题教育、党史学习教育、学习贯彻习近平新时代中国特色社会主义思想主题教育等党内集中学习教育，严格落实《党史学习教育工作条例》的要求，并结合学校实际，制定实施《安溪一中党总支学习制度》，严格执行"第一议题"制度，第一时间学习习近平总书记重要精神和中央重大决策部署，《习近平谈治国理政》《党的二十大报告》《习近平新时代中国特色社会主义思想专题摘编》等成为党员干部的案头书。同时，学校党总支还制定推行《安溪一中教职工政治理论学习制度》，有效推动理论学习制度化、常态化走深走实，持续推进党的创新理论入脑入心、牢牢扎根。

（三）全面提升党内政治生活质量

习近平总书记指出，党要管党，首先要从党内政治生活管起；从严治党，首先要从党内政治生活严起。为全面提升党内政治生活质量，学校党总支按照《关于新形势下党内政治生活的若干准则》的要求，制订了《安溪一中党总支"三会一课"学习计划》《安溪一中主题党日活动制度》等制度，领导干部主动参与到支部活动当中、结合时政热点讲好专题党课成为常态。同时，支部通过开展主题宣讲会、专家辅导、主题党日、学习研讨会、主题教育实践活动、沉浸式实践教育研修活动等形式，增强党内政治生活的政治性、时代性、原则性、战斗性，提升广大教师的理论层次，确保全校上下思想统一，从源头上提高全校教师的思想认识和政治担当。

安溪一中党总支主题党日活动

（四）加强对意识形态工作的领导

意识形态工作是党的一项极其重要的工作，习近平总书记强调要"着力建设具有强大凝聚力和引领力的社会主义意识形态"，这为不断开创意识形态领域工作新局面提出了明确要求。学校党总支旗帜鲜明坚持党管宣传、党管意识形态：在制度设计上，建立健全《安溪一中意识形态工作责任制实施细则》，实施"总支带支部、支部带党员、党员带群众"的"三带"工作机制，形成"党总支统一领导、书记负总责、班子成员齐抓共管、处室各负其责、党员教职工自觉参与"的良好局面。在抓好思政课堂主渠道方面，学校实施"党建育人·培根铸魂"工程，组织"党员·名师"双培养工作室、时政宣讲团的党员教师，深入挖掘和拓展教材中的党史知识，开设党史专题党课，开发红船精神、改革开放先锋人物等微课程，融合现代多媒体教学技术，带领学生全景式地回顾党的百年征程和辉煌成就。举办"'红色家书进校园'活动暨'可爱的中国'党史学习专题报告会"，邀请了叶挺将军、陈士榘将军、黄克诚将军、张云逸将军等人的亲属，向学生们讲述先辈们的战斗事迹，激发学生的爱国情怀。在校园环境营造方面，通过校园内校史馆、雕像、名人名言以及宣传橱栏建设，党的教育方针和社会主义核心价值观潜移默化地影响着学生。学生置身校园，举手投足之间，总能感受到一种无声而深远的教育。

（五）强化纪律规矩约束

习近平总书记强调，纪律是管党治党的"戒尺"，也是党员、干部约束自身行为的标准和遵循。作为中国工人阶级的先锋队，同时是中国人民和中华民族的先锋队，每个党员都应该是遵守纪律的模范生。学校党总支坚持组织学习党章和其他党规党纪，教育和引导党员、干部要牢固树立党章意识，用党章党规党纪约束自己的一言一行，增强纪律意识、规矩意识，进一步养成在受监督和约束的环境中工作生活的习惯。

二、强筋健骨，提高组织战斗力

党的力量来自组织。习近平总书记指出"基层党组织组织能力强不强，抓重大任务落实是试金石，也是磨刀石。党中央制定了一系列重大战略、部署了一系列重大工作，基层党组织就要在贯彻落实中发挥领导作用"。在党中央大抓基层的要求下，学校党总支自觉履行主体责任，主动强化党组织的政治功能，健全党建标准，完善工作制度，规范决策行为，不断提高党组织战斗力。

（一）系统推进学校党组织标准化、规范化建设

学校党总支制订实施了《安溪一中党总支工作制度》，选优配强党建

办队伍，优化学校内部机构，从组织设置、主要职责、党员教育管理、组织生活、工作机制、组织保障等方面落实《中国共产党党员教育管理工作条例》《中国共产党组织工作条例》等党内规章要求，抓好党的组织生活、党员民主评议、党内统计、党员组织关系接转等党务管理工作，实现党支部层面党建工作标准全覆盖，发挥党总支教育、管理、监督党员和组织、宣传、凝聚、服务群众职责，增强基层党组织的政治功能、组织功能，切实将党总支组织力有效转化为落实立德树人根本任务的强大动力。

（二）健全学校党建标准，强化党组织政治功能

学校党总支围绕"党建促进教学质量提升"抓党建，认真贯彻民主集中制，不断完善党总支工作制度，制定实施了《安溪一中党总支领导下的校长负责制实施方案》《安溪一中关于建立健全党建工作责任体系的实施办法》《安溪一中党总支"三重一大"事项决策制度》等内部管理制度，规范重大事项决策行为，认真履行管党治党、办学治校主体责任。同时，实现数据动态管理，及时掌握党员底数台账，采取"线上＋线下""集中授课＋主题实践"等形式，分层分类开展党支部书记集中轮训，切实提高其党性修养和党务工作能力，突出头雁作用，强化了党建工作阵地建设。

（三）推动党群联建，打造高效能组织

为更好地凝聚各方面力量，学校党总支坚持"党建带妇建、带工建、带团建、凝聚活力建新功"这一党群共建工作思路，加强对工会、共青团、学生会等群团组织的领导，适时地调整工作机制和方式方法，切实"带"好群团组织，形成党群共建的工作格局，不断提高群团组织的创造力、凝聚力和战斗力，实现高质量发展。学校党总支通过采取党建带动、工作渗透、节日主题活动等方式，合力推进创先争优，积极创建"五四红旗团组织"，在学生团员中评选"十佳文明团员"，精心设置了"优秀生"奖、"未来工程师"奖、"健体"奖、"杰出领导力"奖等各类奖项，对各方面表现优秀的学生进行表彰和奖励，常态化、序列化开展党、工、团共建德育活动，充分发挥了群团组织的桥梁纽带作用。

三、围绕中心，提升社会影响力

师德是教师的立业之基。高素质的教师队伍是办好教育的基础与前提，抓好师德师风建设是建设高素质教师队伍的内在要求和重要保证。习近平总书记在第三十九个教师节致信全国优秀教师代表，明确提出并深刻阐释了中国特有的教育家精神，为新时代加强教师队伍建设提供了根本遵循，赋予了新时代人民教师崇高使命。学校党总支为强化学校师德师风建设，一方面强化师德第一考核标准，学校把师德师风作为评价教师的第一标准，并将师德师风建设贯穿教师队伍管理全过程，从而有效规范教师的从教行为，促进了学校教育的高质量发展。另一方面常态化开展"师德建设巩固拓展年"活动，从抓认识、抓培训、抓整治、抓督导、抓典型等五方面持续发力，引导广大教师严格遵守新时代教师职业行为准则，涵养高尚师德、自觉弘扬教育家精神、成为引导学生成长的"大先生"。

在抓认识方面，深入开展党风党纪学习教育和丰富的校园廉政文化活动，起草并组织全体教师签订《安溪一中师德师风承诺书》，进一步引导全体教师牢记教书育人、立德树人的"使部"，杜绝违反师德规定行为，争做"四有"好老师，有力地推动"清廉学校"创建。在抓培训方面，坚持把师德教育摆在教师培养培训工作的首位，将师德教育内容贯穿教师职前、职后等各类继续教育，促进教师的师德养成。在抓整治方面，学校开展师德师风警示教育活动，通过以案说纪的方式，教育警示全体教师知敬畏、守底线、明师德，进一步强化教师文明从教、廉洁从教、规范从教的职业意识。在抓督导方面，通过加强家校联动，学校向全体教师、家长朋友发出《关于师德师风建设暨清廉校园建设的倡议书》，携手家庭、社会力量，构建清廉教育群动力，携手营造"学廉、倡廉、崇廉、行廉"的清新校园氛围。在抓典型方面，坚持以榜样效应为抓手，通过举办"讲好师德故事，潜心立德树人"师德演讲比赛，展现我校教师良好的精神风貌，提升学校教师队伍的职业道德修养；常态化开展"学习身边榜样"活动，制订《安溪一中"最美教职员工"评选方案》，选树一批可敬、可亲、可学的"最美教职员工",表彰先进。通过选树优秀典型,发挥身边的榜样示范的引领作用,形成正向激励引导的良好氛围。

第二节　多元发展落地生花　强化特色铸就品牌

学校党总支始终牢记为党育人、为国育才的初心使命,通过抓实"一支部一品牌"创建,实施精细化管理,积极构建多元融合式党建体系,逐步形成了"党建+思政育人""党建+书香领航""党建+服务先锋"等品牌,激发学校办学新活力,全力打造具有"担当使命·追求精致·合力有为·幸福奉献"的新时代一中精神,培养"涵养懿德者、好学力行者、强健体魄者、求真尚美者、勤毅乐劳者"五者兼备的学子,建设"学生清澈、教师清亮、家长清爽、管理清新"的现代品性的示范高中校。

一、聚焦"融"字强引领,进一步促进"党建+教育"融合发展

学校的党建工作不仅要加强基础性、组织性和制度性建设,更需要形成自己的特色和品牌,提高党建工作的影响力、凝聚力和感染力。学校党总支围绕促进党建和教育教学深度融合,坚持党的一切工作到支部的鲜明导向,以抓支部书记为"关键点",牵住责任制这个"牛鼻子",优化联动机制,促进各支部打造支部特色,形成党建引领学校整体教育事业高质量发展的良好局面。

抓住支部书记这个关键点。学校党总支下辖 4 个支部,党总支抓住支部书记这个关键点,以处室行政及年段管委会为基本点,在组织设置、支委会建设、组织生活、功能作用、党员队伍建设等方面作出规范,定期召开支部委员会会议,举行党建与教育教学融合交流会,明晰党建与教育教学互促互融的工作思路、目标方向,既抓党建又抓教育教学,建强支部战斗堡垒。

牵住责任制这个牛鼻子。学校党总支通过制订涵盖支部书记"第一责任人"职责和其他行政班子成员"一岗双责"的全面从严治党主体责任清

单，确定每年相应任务安排表，考核结果纳入各处室年度考核，具体体现为绩效考评一体化，形成上下一体的责任体系。通过牵住责任制这个牛鼻子，推动建立健全学校党建和教育教学工作一起谋划、一起部署、一起落实、一起检查的运行机制，做到同步推进、共同发展。

优化联动机制。学校通过持续完善学校领导干部挂钩联系年段、教研组制度，推动行政班子成员联系年段和教研组，深入年段和教研组了解实情、解决实际困难。将落实"为师生办实事"情况列入年度考核的重要内容，帮助解决1—2个突出问题，持续推进"为师生办实事"机制常态长效。学校"党建＋教育"融合发展有力地促进学校的高质量发展，党总支先后获得了"县先进基层党组织"等多项荣誉。

（一）深耕"党建＋思政育人"品牌建设，融通党建创新与思政教育，构建"大思政"育人体系

一是实施"三带头"制度，推动思政工作落实落细。学校党总支通过实施"学校党组织书记、校长带头走进课堂，带头推动思政课建设，带头联系思政课教师"的"三带头"举措，落实落细《中小学德育工作指南》要求，学校党总支开展推动思政一体化建设的专项教研会，组织各教研组积极开展讲好课程思政活动，书记、校长林添才等校领导带头深入课堂一线，开展听、评思政课活动，调研学校思政课教学情况，提高思政课教学质量和效果。二是积极谋划思政课发展新路径，全力打造课程思政育人体系。学校党总支以"党支部整体推进、专业负责实施、教师为主体、课程为依托"为工作思路，依托年段管委会、思政教育宣讲团、教学名师、学科带头人、骨干教师等深入挖掘课程思政元素，通过完善思政课一体化教学资源共享、教改项目立项与教学成果申报等方面，形成较为完善的思政育人体系。三是壮大时政宣讲团队伍，特别是壮大以青年党员教师为主体的宣讲队伍，走进全校各班级讲授党课思政课，开设时政教育专题讲座，切实有效地推进学校时政教育及思政课的建设。四是以党员教师为先锋主力，选优配强党员教师担任各班老师，协助班主任深入开展思政教育工作，全方位、多层次、多视角宣传解读会议精神，形成声势、形成热潮，形成全校师生同上学习"思政大课堂"的生动局面。由此，实现教育、教学、科研齐发力共培育，汇聚了强大的育人合力，将党建工作与育人目标深度融合。

（二）深耕"党建＋书香领航"品牌建设，扎实推进学习型党组织建设，推动学习型校园建设

学校通过大力推进"书香校园""书香教师""书香班级"建设，努力营造书香育人氛围，践行学校"读书修身立德树人"的办学理念：一方面是充分发挥物质载体的作用，通过打造独具特色的党建文化长廊，设立百年校庆办学成就展、校园教书育人典型人物事迹宣传长廊，使爱国主义教育、中华优秀传统文化教育渗透在校园物质载体之中，把党建引领、文化铸魂工作落到实处。另一方面是开展形式多样的读书活动，结合主题教育、庆祝"七一"、世界读书日、师德教育活动月等活动，适时推出红色经典阅读，开展专题讲座、导读分享会、诵读会，以"书香暑假"为主题的暑期读写及评选"阅读之星""书香班级"，开展赠书活动等方式，引领师生与经典为友、与名著为伴，推进以文化人、以文育人。

（三）深耕"党建＋服务先锋"品牌建设，拓展服务范围

为充分发挥学校作为省示范性高中建设校的示范、引领和带动作用，促进乡村高中学校提升教育教学质量，学校制定《构建教育共同体　助力教育质量提升——安溪第一中学帮扶共建方案》，与永春县美岭中学、龙海港尾中学、大田一中、安溪二十中、俊民中学、安溪十二中等学校开展了共建帮扶活动，在学校管理、党建工作、教学研究和优生培养等方面，实现理念共享、资源共享、方法共鉴、发展共向，促进教育均衡发展。

学校党总支紧紧围绕加强党的全面领导，构建多元融合式党建体系，抓实"一支部一品牌"创建，逐步形成了"党建＋"品牌，激发学校办学新活力，特色党建项目《深学实干促发展　旗帜领航谱新篇》荣获安溪县教育系统 2023 年"深学争优、敢为争先、实干争效"特色党建展评一等奖。

2023年度特色党建比赛一等奖荣誉证书

二、聚焦"带"字强引领，进一步实施"党员＋名师"双培养工程

围绕教育教学中心工作的开展，学校党总支以党支部为堡垒，以党员教师为先锋，以24个"党员·名师"双培养工作室为抓手，发挥党员骨干教师的示范引领作用，带领两百多名教师参与"党员＋名师"双培养工程，以党建促进教研团队建设，不仅有效促进形成学科优势，而且强化了学校人才队伍。

自党员名师工作室挂牌成立以来，由学校党总支牵头，在工作室层面上，每个党员名师工作室形成学科小团队，带领教师开展课题研究、教学指导、教师培训等活动，抱团开展帮扶活动，及时跟踪开展情况，定期发现、推介、展示好经验好做法。在全校层面上，组织双培养对象开展示范课、观摩课、公开课，开展教学大比武、专题讲座、业务专题培训、教研交流及优秀教师、骨干教师评选等活动，大幅提升了学校教师教育教学理论和实践水平，校本教材、教学设计、教学课件、教科课题教研成果在全校内推广。许多青年党员教师在工作室的培养下脱颖而出，业务水平不断提高，实现专业化成长。如周淑玲老师在2022年获安溪县普通中学青年教师业务技能大赛一等奖及安溪县教坛新秀称号，2023年入选安溪县"十四五"中小学教学名师培养对象。詹晓蓉老师在获泉州市"教坛新秀"荣誉称号和获泉州市中学教师"一师一优课"评选活动一等奖后，2022年入选泉州市学科带头人培养对象。肖江波、叶红、苏灿强、林进旺等四位党员教师通过"双培养"工程成为泉州市市级名师，其中林进旺、苏灿强老师先后被评为福建省省级优秀教师，林进旺老师还获得省级五一劳动奖章，成长为特级教师。老师们不仅在业务上得到精进，政治上也成长迅速。在党员名师工作室的培养下，具有三十多年教龄的教学名师、生物组组长余联金，具有二十多年教龄的教学名师、教务处副主任许永顺光荣入党。

在林进旺"党员·名师双培养"工作室中，林进旺老师带领团队成员紧紧围绕"育名师、出成果"的目标，着力在常规教学教研和生物奥赛辅导两方面培养人才。在常规教学教研方面，工作室成员在备课、命题、课题、校本练习、校本课程研究及技能比赛指导等方面共同做了大量的基础工作；组织开展的新教师研学体验活动，导师们发挥集体智慧，认真做好"传、帮、带"工作。杨梅琴、林彩玲和翁燕霞三位新老师，潜心投入研学，教学水平有明显提升，受到领导、老师的高度赞扬。在生物奥赛辅导方面，工作室实行总教练和主教练负责制，团队成员分工协作，由国家金牌教练林进旺副校长担任总教练，对全校生物竞赛辅导统筹规划，指导工作室成员循序渐进开展奥赛辅导工作。工作室成员柯桂芬、翁燕霞、李艺斌和陈承华老师分别担任高三年、高二年、高一年和初中生物竞赛主教练，分别负责相应模块的教学。功夫不负有心人，在工作室教师的共同努力下，团队指导学生参加第28届全国中学生生物学联赛，5人获得省一等奖，8人获得省二等奖、2人获得省三等奖。一滴水，只有汇入大海才能永不干涸；一粒沙，只有投入大地，才能凝聚力量；一个人，只有依托集体，才能实现价值。工作室的建立为教师与学生的沟通、交流提供了平台。正是因为有这样志同道合的"一群人"，认真做好生物竞赛辅导这"一件事"，大家"一条心""一起拼"，相信最后"一定赢"！

林进旺"党员·名师"双培养工作室合影

通过实施此项工程，老师们热情高涨，主动响应双培养工作，学校形成了"我为工作室多付出，工作室优秀我光荣"的良好氛围和凝聚力，学校教育教学工作向前发展，成效明显。在"党员·名师工作室"的双培养下，学校多项课题在国家级和省级立项、结题、获奖，并被确定为全国教育科学"十四五"规划教育部重点课题实验基地学校，被中国人民大学书报资料中心基础教育期刊社授予"学科共建基地"。这些荣誉充分体现了安溪一中在教科研领域的领先地位和贡献。

安溪一中部分党员教师市级以上技能竞赛获奖汇总表（2020—2023）

序号	姓名	获奖年份	获奖项目	获奖等级	授奖部门
1	苏灿强	2023	2023福建省中小学学科德育精品项目	一等奖	福建省教育厅
2	苏灿强	2022	2022年福建省优秀网络学习空间	一等奖	福建省教育厅
3	许圣娇	2021	"四史"教育课例评选活动中被评为省级优秀课例	省级优秀	省普教室
4	苏灿强	2022	2022年福建省数学教育教学暨初等数学研究论文比赛	一等奖	福建省初等数学学会
5	苏灿强	2021	福建省数学教育教学研究论文比赛	二等奖	福建省初等数学学会

续表

序号	姓名	获奖年份	获奖项目	获奖等级	授奖部门
6	苏灿强	2022	2022年福建省数学教育教学暨初等数学研究论文比赛	三等奖	福建省初等数学学会
7	苏灿强	2023	泉州市2023年中小学学科德育精品项目	一等奖	泉州市教育局
8	苏灿强	2022	2022年泉州市优秀网络学习空间	一等奖	泉州市教育局
9	林进旺	2020	2020年泉州市中小学实验教学说课活动	一等奖	泉州市教育局
10	许圣娇	2022	2022年泉州市初中历史新教材优秀教学设计比赛	一等奖	泉州市教科所
11	林青淑	2020	2020年泉州市中小学实验教学说课活动	二等奖	泉州市教育局
12	许梅菊	2022	2022年泉州市高中高考九个学科教学技能之班本作业设计比赛活动	二等奖	泉州市教育局
13	林青淑	2022	泉州市中小学教师教学技能暨岗位练兵竞赛	三等奖	泉州市教育局
14	詹晓蓉	2022	2022年泉州市师生信息素养实践活动	三等奖	泉州市教育局
15	陈建辉	2020	2020年泉州市中小学实验教学说课活动	三等奖	泉州市教育局
16	刘莹	2020	2020泉州市中小学信息技术与学科整合三优联评	三等奖	泉州市教育局
17	李美端	2021	泉州市中小学教师岗位练兵比赛	三等奖	泉州市教育局
18	谢小琴	2020	2020泉州市中小学信息技术与学科整合三优联评	三等奖	泉州市教育局
19	张亚真	2020	2020年泉州市中小学实验教学说课活动	三等奖	泉州市教育局
20	詹晓蓉	2022	泉州市"十四五"中小学学科带头人培养对象		泉州市教育局

续表

序号	姓名	获奖年份	获奖项目	获奖等级	授奖部门
21	肖江波	2020	一师一优课一课一名师	市优课	泉州市教育局
22	詹晓蓉	2020	一师一优课一课一名师	市优课	泉州市教育局
23	周淑玲	2022	2022市级"基础教育精品课"	市优	泉州市教育局
24	许圣娇	2020	初中历史活动课同堂跨科共导教学设计评选	一等奖	泉州市教科所
25	许圣娇	2023	2022年泉州市初中历史新教材优秀教学设计评选	一等奖	泉州市教科所
26	王荣欣	2022	2022年泉州市高中高考九个学科教学技能之班本作业设计比赛活动	一等奖	泉州市教科所
27	林进旺	2022	2022年泉州市高中高考九个学科教学技能之班本作业设计比赛活动	一等奖	泉州市教科所
28	许圣娇	2022	2022年泉州市中考九个学科教学技能之作业设计比赛	一等奖	泉州市教科所
29	柯桂芬	2020	2020年泉州市高考九科教学技能之命题比赛	一等奖	泉州市教科所
30	许圣娇	2020	2020年泉州市初中历史学科教学设计比赛	一等奖	泉州市教科所
31	叶阿瑜	2020	2020年泉州市高考学科命题竞赛	一等奖	泉州市教科所
32	傅心萍	2020	泉州市中小学优质课评选	优质课	泉州市教科所

三、聚焦"活"字强引领，进一步打造"党员＋服务"党建品牌

为贯彻落实福建省委深化拓展"深学争优、敢为争先、实干争效"行动部署，党总支以"党建＋服务"品牌建设为抓手，形成党员领导干部持续为师生办实事机制，积极引导党员发挥先锋模范作用。

一是深入持续开展"我为群众办实事"实践活动。学校党总支通过实施"帮扶暖心工程"，构建起完善的学生关爱帮扶体系，组织志愿服务队投身到年级、教研组和课堂，为学习困难学生群体提供学业辅导、心理辅

导,定期开展谈心谈话,舒缓心理压力;开展职业生涯辅导,引领每一位学生全面健康地成长;成立校园安全"护学岗"党员志愿服务队,积极解决师生以及家长普遍关心的安全问题。通过这些志愿服务活动,为学生撑起暖心"关爱伞",搭建有效的情感连接,为学生的成长和发展提供更多的支持和帮助。

二是深度服务社区邻里。为落实泉州市委"'党建+'社区邻里中心"这一服务社会制度,学校党总支制定了《安溪一中党总支配合建设"党建+"社区邻里中心提升教育服务品质工作方案》《安溪一中"党建+"邻里中心"笔架学堂"党员教师志愿服务管理办法》《安溪一中与社区共建管理制度》,与共建单位签订《结对共建协议书》,实施"名师进邻里中心"工作机制,推动在职党员教师"回家日"制度,鼓励和引导党员教师到所居住社区、小区党支部精准报到,常态化参与社区小区治理、志愿服务,参与情况纳入学校党员教师"八小时外"考核内容。针对社区学习困难学生、家长关心的热点问题等,学校组织优秀德育工作者、优秀班主任、优秀青年党员等与家长们进行面对面交流探讨,提供教育咨询,解决家长们的教育困惑,推进家校社和谐发展,展现党员教师的担当。

三是党建促"双减"。"双减"政策落地以来,学校党总支认真对照省示范性普通高中建设标准,拓路径、出实招,让"双减"真正走进一中校园,为学生健康成长和全面发展搭建舞台。在课业方面,打造特色校本作业。自2018年起,安溪一中便已着手打造校本作业资源库和开发特色校本课程,通过推广和学习借鉴的形式,不断完善创新校本作业,有效地降低了学生作业压力,提升学习效率,空出课余时间。在课外活动方面,培育丰富多彩的社团活动和研学活动。通过搭建学校现有云帆文学社、攀岩社等48个社团,供学生结合个性特长自主选择,让学生成为更好的自己,结合学校已开展多年的特色研学活动,学校打造的德智体美劳"五育并举"落实为生动的教育实践,在"双减"大背景下焕发出更加强劲的生命活力,汩汩浸润着孩子们的心田。

安溪一中"心晴"关爱学生活动

第三章

强化立德树人宗旨　提升铸魂育人实效

学校紧扣党的教育方针与政策，将立德树人作为根本任务，为党育人、为国育才。学校结合自身实际，以研促教，不断创新，互动交流，开拓视野，探索出"五者兼备"德育工作体系，彰显"文庙渊源·儒学底蕴"的办学特色。学校深化德育新机制，扎实德育体系，深耕德育资源，以系统化、科学化的工作思路促进学生成长成才，学校致力提升学校德育队伍的专业素养和管理水平，加强与家庭、社会的沟通与合作，提升铸魂育人实效，为培养更多"德智体美劳"全面发展的优秀学生成为时代新人而努力奋斗。

第一节　五者兼备：德育工作有思路

坚持用习近平新时代中国特色社会主义思想凝心铸魂，为党育人、为国育才。学校全面贯彻党的教育方针，将立德树人作为根本任务，构建德智体美劳"五者兼备"的德育工作，强化立德树人宗旨，结合新时代学生德育发展形成更加系统化、科学化的工作思路，有效地促进学生成长成才，为学校的教育发展提供坚实的思想基础和指导方向。

一、探索德育新体系，让育人工作系统化

（一）时政引路，夯基垒台

党的二十大报告提出，"坚持教育优先发展、科技自立自强、人才引领驱动，加快建设教育强国、科技强国、人才强国"。全面贯彻党的教育

方针，落实立德树人根本任务，培养德智体美劳全面发展的社会主义建设者和接班人，办好人民满意的教育，助才学生终身学习与发展，学校紧扣党的教育方针与政策，结合自身实际，探索出德育工作新体系。学校将千年圣庙与传统书院相结合，构建以"德智体美劳"五育为着力点的"五者兼备"德育工作体系，努力将学生培育成"涵养懿德者、好学力行者、强健体魄者、求真尚美者、勤毅乐劳者"。"五者兼备"是适应终身发展和社会发展需要的必备品格和关键能力，从而不断提升学生发展的核心素养，助力学生终身学习与发展，彰显了"文庙渊源·儒学底蕴"的办学特色，引领学生"成就最好的自己"。

（二）以研促教，不断创新

学校本着"科研兴校、德育引校、特色促校"的教育理念，以课题研究为主线，以课堂教学为主阵地，以研促教，不断创新。

一是加强德育课题研究。"教而不研则浅，研而不教则空"，课题研究不仅是教育科研的重要载体，也是提高教师教育教学能力的有效途径，更是学校不断革新、积淀教育成果、提升德育工作水平的重要工作。学校重视教学科研，定期召开教研室课题研讨会，组织各课题教师集中开题、中期论证、结题总结，通过不断打磨提升教学科研能力。《中国教育现代化引领下县域普通高中基础型创新人才培养研究》是教育部全国教育科学"十四五"规划课题，校长林添才作为实验基地代表组织教师召开重点课

2021年度福建省基础教育课程教学研究课题开题报告会

课题研讨会

题开题会议。

二是打造德育科研团队。学校高度重视学生思政课程建设，全力打造课程思政育人体系，在统一领导的原则下，由校长领导、党团队班主任共同组建一支德育科研队伍，实行分级包干责任制，着力打造高精尖的德育科研团队。学校获得全国教育科学"十四五"规划教育部重点课题实验基地学校称号。学校充分发挥新时代学校思想政治理论课在落实立德树人根本任务中的关键课程作用，学校党总支书记、校长林添才，党总支副书记廖志宏等校领导深入课堂一线，开展听、评思政课活动，调研学校思政课

思政课教师赴才溪乡开展实践教育研修

教学情况。此外，也组织思政教师队伍开展实践教育研修，走进毛泽东才溪乡调查纪念馆、苏维埃政府旧址、毛泽东才溪乡调查旧址、光荣亭，听取"光荣亭前说光荣"的故事，在现场教学中坚定理想，打磨理论金课。德育科研的有效开展和理论总结成果的不断出新，为学校全方位、多角度、深层次探索实践德育工作新思路、新方法提供了积极指导。

（三）互动交流，开拓视野

作为县级学校，德育资源相对有限，德育视野亟待开阔。为开创德育工作新发展、新局面，确保德育工作切实提效，开拓德育骨干视野，丰富德育落实途径，学校坚持"走出去，请进来"的学习与交流原则，派遣各个德育工作者先后到北京、重庆、杭州、武汉等地知名高校、中学开展生涯规划教育、劳动实践教育、研学旅行教育、心理健康教育、思政课程教育等方面的学习与交流活动，并积极参与中学生涯教育名校联盟研讨活动。同时，学校多次邀请国内外知名校友、专家到校开展德育工作指导，先后开设数十场生涯规划、励志成长、班主任德育工作等专题讲座，通过互动交流吸收先进经验，并结合地域特点总结转化出符合学校实际的学生生涯教育工作新路径。

二、深化德育新机制，让育人工作科学化

（一）扎实德育体系，为德育增值赋能

学校始终秉承"勤·实·严·毅"的校训，将"五者兼备"的德育工作体系贯穿于教育教学全过程。在继承原有工作思路和做法的基础上，继续贯彻《深化新时代教育评价改革总体方案》中关于完善德育评价的要求，深化和提高德育工作体系的思想站位、突出体现德育工作以学生为主体，以活动为载体，以评价为手段，以培训为保证、通过"管理与教学双培养"工程，增强师生互感互育，促进师生的全面发展和可持续发展。学校德育工作将围绕制度建设工程、队伍建设工程、育人环境工程、基础工作建设工程、育人模式构建工程等"五大工程"，真抓实干、持续深化"五者兼备"的德育工作体系，为德育增值赋能。

"五者兼备"内涵图

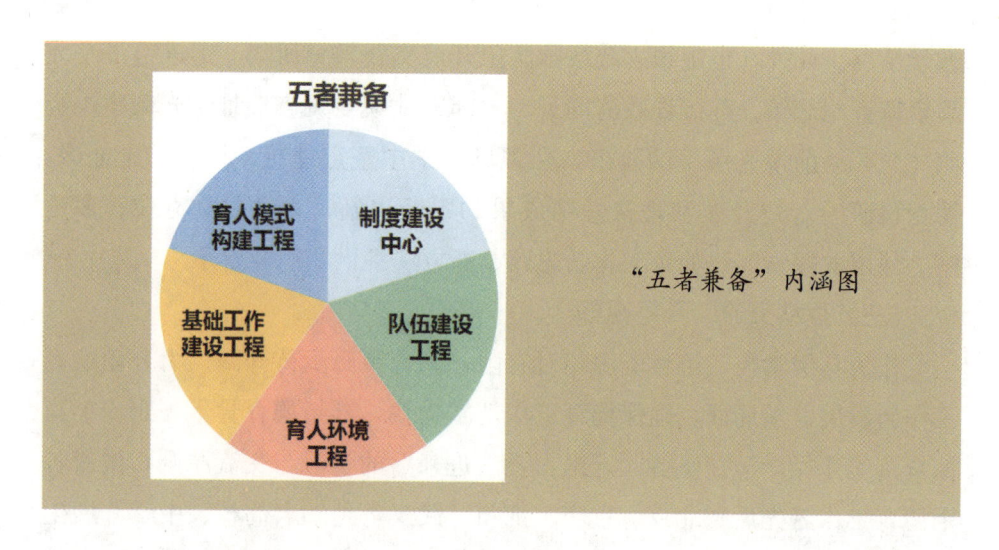

（二）深耕德育资源，为党为国育好才

学校的德育工作始终围绕"五者兼备"德育工作体系，有效整合学校校本德育资源。学校持续深度挖掘校本德育资源，加强校本德育资源的开发与利用。一是加强德育场地资源的统一化管理，提升工作效能。例如，重视社团活动中心、学生发展指导中心、儒学教育基地、劳动实践教育基地、校史馆等德育场所的统一管理，方便师生深度地学习与交流，发挥德育场所资源效能。二是强化德育制度执行力，拓展德育工作的深度与广度。例如各个年段根据年段功课表的时间设定，制定固定的班主任的工作

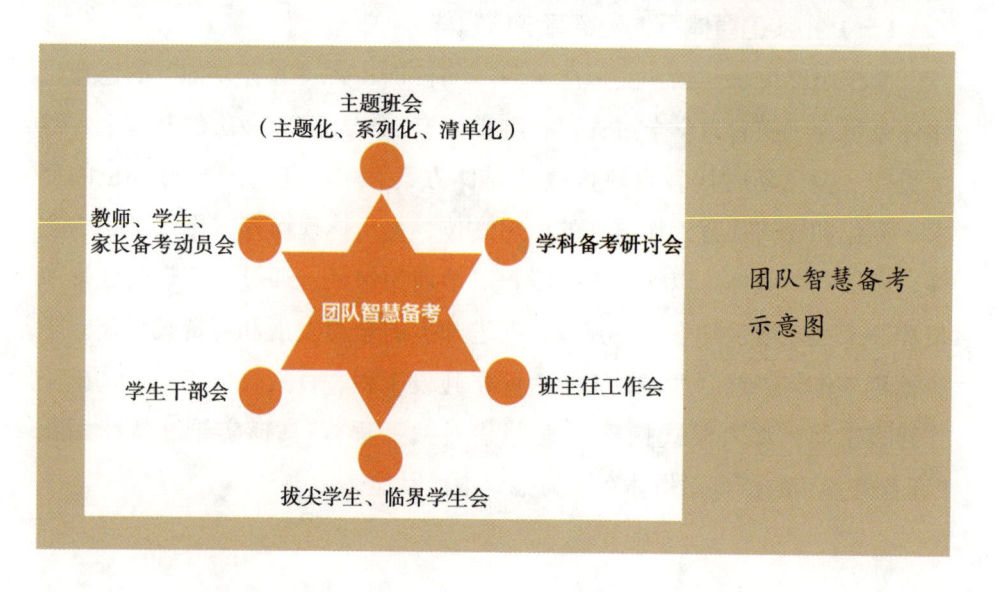

团队智慧备考示意图

例会时间，初中部为每周五第八节课；高中部为每周日晚。他们会根据学校所制定每周德育例会的工作任务，形成研讨、交流、反馈的工作机制，从而提升德育工作执行力。

（三）加强德育工作交流，增强辐射示范性

在构建全员、全过程、全方位的育人格局上，学校重视德育工作的交流学习。学校同铭选中学、恒兴中学、凤城中学一等校构建了凤城片区德育共同体。同时，学校构建"1+4合作体"——即我校和永春美岭中学、漳州市龙海区港尾中学、安溪俊民中学、安溪第二十中学等四所学校结成紧密牢固的共建合作体，充分利用各校不同资源、不同校情，进行德育工作体系、德育工作制度、德育特色活动等的互动交流与展示，既加强和完善学校德育工作体系，又起到示范辐射的作用。同时，学校也在县、市、省级公开周、德育主题研讨会议和送教送培活动中开设专题德育讲座、主题班会观评课等活动，努力增强德育工作示范辐射作用。

漳浦二中胡智清书记、戴智勇校长等一行22人莅临学校参观交流

（四）完善德育体制，形成育人工作制度化

在"五者兼备"德育体系的指导下，学校不断健全管理体系并制定合理的管理方案形成制度保障。一是形成一套德育管理体系。构建"校级领导—政教处、保卫处、年段管委会、团委—班主任—学生干部—学生"的"五级育人"模式，在教育教学、育人过程开展全方位德育渗透。二是制

定并完善德育管理制度。制订《安溪一中班主任工作考核方案》《班主任工作手册》《安溪一中学生手册》《安溪一中"文明班级"常规评比细则》《安溪一中文明宿舍评比方案》等具有学校特色的德育管理制度，进一步加强了我校德育工作的制度化、规范化。尤其是在学生教育管理方面，学校通过学生请假制度、班级手机管理制度、学生活动奖励制度、宿舍管理制度、安全教育制度等规范管理，从学生综合发展的各个方面作出规定，确保德育教育开展有制度保障，保障学生健康发展。通过每月评选"文明班级""文明寝室"，在评比中查缺查漏，不断完善德育管理过程，使德育工作更规范。三是召开德育工作会，加强研讨和完善。学校充分利用德育工作会、班主任工作会、教育经验分享会等多种形式，对比优势和不足，不断学习，提升德育理念，形成师、生德育双线并进，助推学生健康成长。完善的体制使学校在德育管理过程中有规可循，保障了育人工作的有序推进。

"静待花开终有时，守得云开见月明"，德育工作实干在当下，成果呈现难以一蹴而就，如何创设德育增值赋能机制，大力拓展德育工作的深度与广度，产生更大的德育效益，是学校今后德育工作的努力方向。例如学校三礼教育（入学礼、成人礼、毕业典礼）不仅要体现强烈的成长仪式感，更要深度挖掘其价值意蕴，通过情景化方式向学生诠释中学生不同阶段学习的重要意义，用丰富的内涵激发学生自我意识的觉醒，通过学生积极参与筹备及活动过程健全学生心智。同时，在活动筹备中增强"三礼"的制度供给，在活动过程中规范"三礼"赋能环节创设，在时间与空间两个维度上凸显成长意义，增强育人成效。

第二节　队伍建设：德育工作有保障

学校致力提升教师队伍的专业素养和管理水平，培养学生的责任意识和自我管理能力，促进了校风学风的和谐发展，为学校的高质量发展提供了有力支撑，为培养更多德智体全面发展的优秀学生成为时代新人而努力奋斗提供重要保障。

一、建设德育工作队伍，夯实师资队伍力量

学校以党员教师为根基打造德育教师队伍，逐步形成"以班主任为班级德育团队核心""以思政教师为学科德育渗透核心"的双核心模式，每个科任老师挂钩一两个重点关注的学生进行全程跟踪，及时干预，实现全员育人、全科育人的协同效应，形成具有学校德育特色的管理模式。

一是加强班主任队伍建设和提升德育水平。学校将班主任视为德育工作的核心，不断加强队伍建设，着力搭建更多德育展示平台，激发他们的工作热情，以促进班主任队伍的专业发展。此外，学校每周对班主任的日常管理进行量化绩效考核，动态管理，评选出优胜班级并予以奖励，持续推动班级管理水平提升。每月举行管理工作联席会、年段管委会工作盘点汇报会等会议，加强学校管理机构间的沟通与合作。

二是组织教师队伍培训和经验交流。学校定期举办班主任和学生管理培训会议，旨在提高管理者的理论水平和实践能力，解决工作中的问题和困难。每学期末组织学校领导和教师代表对年段管委会及班主任队伍进行互评，评选出优秀管委会和班主任。同时，学校还邀请优秀班主任分享经验，组织教师撰写成功教育案例、优秀德育论文，进行交流并汇编，以取长补短，提升班级管理水平。

三是邀请外部专家进行分享与指导。学校积极邀请外部专家进行分享与指导，以提供更广泛的专业知识和视角。2023年12月，学校邀请了福建省学习科学学会王飞骅副会长和中国教育科学研究院培训中心谢淑美老师进行班主任专业素养提升工程培训。外部专家的参与有助于拓展教师们的思维，提高教师的教育水平和专业素养，进一步加强班主任队伍的专业化发展。

四是加强思政教师队伍建设，思政教师作为学科德育渗透的核心是至关重要。推进大中小学思想政治教育一体化建设是贯彻落实习近平总书记关于教育的重要论述、学校思想政治理论课教师座谈会、习近平总书记来闽考察重要讲话精神，落实立德树人任务，解决好培养什么人、怎样培养

人、为谁培养人这个根本问题的重要抓手和关键举措。思政教师在各学科教学中承担着培养学生思想道德、塑造学生人格的重任。为了加强思政教师队伍建设，学校通过搭建丰富的德育展示平台，让思政教师在学科教学中展现德育的重要性和影响力，定期举办思政教师交流会、专题研讨会，提升思政教师在学科德育方面的素养和专业水平，引导思政教师将德育理念融入具体的学科教学实践中，促进思政教师之间的互相学习和成长，共同提高学科德育水平，为学生提供更加全面和深入的教育教学服务。

班主任专项能力提升培训会

二、抓好学生干部队伍，壮大育人后备力量

学生干部作为学生中的优秀代表，是抓好班风、学风、校风建设的关键。学校本着"以人为本、关注个性"原则，历来非常重视学生干部队伍的管理。

一是重视学生干部队伍的思想教育。通过召开班干部会议，开展学风班风建设学生座谈会等加强学生干部队伍的思想建设，坚定学生的政治理想，帮助学生干部树立正确的"三观"，在工作中形成服务意识，杜绝官僚主义作风。

二是搭建学生干部参与平台。组建"文明督导队""志愿者协会"等服务团队，把学生推到管理前台，唤醒学生责任意识和校本意识，充分调动学生干部的积极性，让他们以主人翁的身份参与学校的管理，更好地引导和督促全体同学养成良好的习惯，助推学校德育建设。

召开文明督导部成立暨文明督导员培训会议

三是开展丰富的学生文体活动，让学生在活动中锻炼组织管理能力。学校大胆创新管理模式，让周围环境、所有活动都成为教育学生的课程，让学生在自主管理、参与学校管理中学会成长。例如：由学生自行伴奏或组建乐队的"班班有歌声"活动、由学生担任裁判、评委的田径运动会等大型活动，学生自主策划、自主管理、全面参与逐渐成为我校的一大管理特色。

三、加强团建队伍建设，拓展育人工作平台

学校注重团组织的凝聚力、组织力和服务力的建设，重视团员思想教育，不断拓展团员育人工作平台，促进团员学生的全面发展和主体发展，致力于培养德智并兼、身心两健、学创俱佳的中学生。

一是聚焦常态教育，加强思想政治引领。用好"青年大学习"网上团课和"学习强国"新媒体矩阵等平台，加强团员日常思想教育，定期组织团员开展主题团日活动，做好"三会一课一制"。

二是聚焦从严治团，建立团队管理机制。努力办好"团＋社"即共青

团团委和学生会，并在机制建设、干部培育、工作监督、服务改进等方面开创新模式，推动学生会全方位助力校园管理，培育新时代接班人。不断完善制度建设，制订《安溪一中学生会成员行为规范》《安溪一中学生会考评办法》《安溪一中学生会工作管理办法》等制度强化团干队伍的建设。

三是聚焦青年所需，规范发展团员工作。依托"智慧团建"系统，全面抓好团组织建设、团员发展、学社衔接等工作，逐步完善党、团、队育人链条衔接机制。规范开展入队、离队、入团仪式，开展初一年新生团辅活动等，让基层团组织、少先队焕发出勃勃生机与活力，开创一个团队工作新局面，为学校高质量发展贡献青春力量。

四是拓宽育人平台，优化志愿活动。让学生会参加学生日常管理巡查、志愿活动，在实践中锻炼成长，提高学生自我管理、自我服务能力，提升学生会形象，真正起到引导示范作用，去影响教育其他学生，带动全校学生的习惯养成。每天清晨、中午、晚上，在食堂、宿舍、操场等场所，时刻都会出现学生会的身影，他们的形象引领、精神风貌、敬业精神已经成为校园一张靓丽的名片。

四、构建多元共育体系，夯实育人管理网络

学校积极构建"学校、家庭、社会"一体化的多元共育体系，加强家校联系，形成以学校教育为中心、家庭教育为基点、社会教育为依托的"三位一体"的管理网络，不断夯实育人工作实效。

一是畅通沟通渠道，形成家校育人合力。一方面引导家长参与学校制度的建立，形成学校为决策主体、家庭为参与主体的"双主体"家校协同育人格局。细化学校和家庭在家校共育过程中的具体职责，最大化发挥家校协同育人的效能，夯实学校育人的主体地位，保持家校协同育人的长期活力，从而推动学校育人生态的优化。另一方面，学校坚持班主任和任课教师利用校园开放日、"百名教师访千家"的家访活动、微信群、电话、家长志愿者活动日、家长会、家委座谈会等形式与家长保持联系。注重学校和家庭的联系，注重家长对学校意见的反馈和解决，注重交流家长在家

庭教育方面的困惑，真正走进学生生活，了解家长所需所急，传递关爱。此外，每逢国庆、元旦等节假日时，学校会发布假期告家长一封信，以温馨提醒的方式告知家长积极配合学校，切实担负起孩子的监护、教育管理工作，这样，通过家校合力共同搭建起以学生为核心的共育同心圆，以进一步促进校风与家风的和谐发展。

二是整合优质资源，形成社会育人合力。组织学生及家长听取心理健康讲座，邀请仙岳医院卢大力主治医师到校开展专题讲座，增强家长对青少年心理危机的认识，提升应对心理问题的能力。发挥社会机构、社团作用，引导学生到街道社区开展志愿服务活动，学校积极组织学生定期开展研学活动，充分利用有效的教育资源，推进社会育人合力。

第三节 阵地育德：德育工作有手段

在加强学生成长过程跟踪评价的同时，学校还将进一步加强与家庭、社会的沟通与合作，利用家校联动机制，建立学生行为习惯和思想道德等方面的信息互通平台，通过全方位的数据采集和分析，及时了解学生在学校和社会生活中的表现和需求，从而更加精准地制定个性化的成长规划，实现对学生更全面、系统的引导和培养。

一、创新德育班会形式，筑牢德育主要阵地

为扎实推进"五者兼备"德育工作体系，学校探索实践"保守的品德教育＋捕捉契机因势利导"的守正创新的德育班会机制。保守的品德教育是借助每周二的主题班会，进行分级主题班会教育：七年级行为习惯与卫生习惯的养成、八年级学习习惯与良好的人际交往、九年级感恩教育和收获成长、高一年级家国与理想、高二年级团结与实践、高三年级感恩与奋进。

在推进分级主题落地的同时，学校还会结合和利用一些学生问题、重大节日及安全注意节点，进行因势利导，捕捉这些契机对学生进行爱国主义教育、卫生防护教育、心理健康教育、生命教育、理想前途教育、诚信

守法教育等教育,并结合地方和学校优势和特色,开展一系列育人能力提升活动,继续推进序列化主题班会建设,让教育启智润心,促进学生综合素质全面提升,在践行立德树人根本任务上探索出一条崭新的实践道路。

二、搭建丰富德育载体,开阔学生成长舞台

学校自建校以来已走过百年历史,即将开启新的百年征程,德育工作也必须与时俱进,提高站位再出发。为积极应对世界百年未有之大变局,学校在德育课程、德育工作方式、心理健康教育、学生社团建设等方面不断进行改革和创新,努力增强德育工作的时代性、科学性和实效性。

(一)扎实推进校本德育课程

校本课程是学生最好的个性发展平台。针对"为谁培养人,培养什么样的人,如何培养人"的教育之问,学校立足于立德树人根本任务,实施多样化课程体系、自主化选课模式、个性化学习方式、发展性评价机制,构建了"基础—拓展—学术,贯穿特色"的三级立体课程体系。学校自2018年被确定为省级示范性普通高中建设校以来,在课程建设方面加大了改革力度,除继承和发扬原有的课外活动外,还不断拓展富于时代气息又能充分满足学生多元发展需要的校本课程。截至目前,学校已开设了基础课程、拓展课程、国学课程及特色课程,涵盖了语言与文学、人文与社会、科学与技术、体育与健康、艺术、综合实践等,共计60多门校本课程。

学校校本课程内容丰富,特色多元,立足学科教学,注重引导学生关注生命、关注成长、关注艺术、关注生活,给予学生更开阔的视野,更广阔的想象空间。2021年5月12至14日,在学校承办的省级教育教学开放活动中,将近三年开设的优秀校本课程集中在吴思敏图书馆三楼阅览室展示,让老师们在休息之余也能饱览文化盛宴。

(二)发挥学生社团德育功能

积极健康的学生社团活动,是新形势下有效凝聚学生力量、开展思想道德教育的重要方式,有助于进一步创新和深化德育阵地。近年来,学校高度重视学生社团在德育工作中的阵地作用,以"成熟一种类型,设立一

个社团"为指导原则，先后成立涵盖学术类、艺术类、体育类、兴趣类、公益类等五大类的学生社团35个，其中有凸显"办学特色"的云帆文学社、足球社、Younique英语社、茶艺社等，多元特色的社团为丰富学生校园生活提供了个性、自主的选择，为培养学生核心素养保驾护航，让学生成为更好的自己。

为实现以社团活动的实践性提高道德教育的实效性，学校为每个社团都安排一位或多位指导老师，除对社团活动进行指导、协调外，还起到把舵定向、德育渗透的作用。各社团之间互相配合，用心进取，在迎新晚会、小舞台、护学行动、防疫工作等一次次成功的实践与活动中，社团干部以及成员用心组织，充分展示出了社团的组织和管理潜力，也充分体现出了社团是一个服务于学生的组织，是一个有纪律有素质的组织。

始创于1987年9月的云帆文学社，迄今已历三十七载寒暑。多年来，风雨跋涉，云帆文学社风华正茂，硕果方殷。截止至2018年11月，云帆文学社出版《云帆》《云帆·语言文字副刊》《云帆·校运专刊》等社刊、社报，先后编辑出版《雏凤声清》《那一方透明的天空》《蓝天鸽哨》《红帆船》等四部诗文集，其中《蓝天鸽哨》《红帆船》在全国百佳出版社出版。社刊《云帆》先后在1991年、1992年、1993年《语文教学与研究》杂志社主办的"全国中学文学社团、社刊、作品评优"中分别荣获二等奖、二等奖、一等奖，在1996年、1998年中国校园文学报刊协会暨全国校园文学研究中心第一、二届年会中被评为"全国优秀校园文学社"。

（三）丰富心理健康活动载体

心理健康教育是学生德育教育的重要组成部分。我校作为市级心理健康特色校，秉持"为了每一个学生的健康成长"的育人宗旨，高度重视师生的身心健康，形成"专职心理健康教育教师＋兼职心理教师＋学校领导＋班主任＋科任老师"多位一体的师资结构，从制度、设备、课程教育、活动载体等多方面开展了心理健康教育。

一是完善心理危机预警机制。制订《安溪一中学生心理危机干预实施方案》和《心理危机干预四级预警系统》，并创造性地将方案和系统整合为心理危机干预/预警系统，统一规划、落实执行、跟踪评价，扎实开展我校心理健康教育，关注学生的身心发展，继续推进我校心理健康教育工作更加健康、系统、全面、有效地开展。

二是搭建心理健康活动教育平台。学生发展指导中心是学校开展心理健康教育工作的重要阵地。配套接待室、沙盘游戏室、音乐放松室、个体咨询室、宣泄室等五个功能室，每个功能室均制订相应的管理制度。具有开展团体心理辅导、进行个别心理辅导、监测心理健康状况、营造心理健康环境等功能，始终坚持发展心理品质和预防心理问题为主、心理问题矫治为辅的基本原则，认真做好学生心理健康教育各项工作，做到一生一档，把心理健康教育渗透到教育教学中。

心理危机预警系统的工作模式

三是丰富心理教育课程和活动。长期以来，我校开设多种多样的心理课程形式：针对不同年级和不同层次的学生安排辅导内容，关注三个层次——发展、适应、交织；把握三个维度——认知、情感体验、行为改善。并且结合校情和生情开展一系列团体心理活动：专题讲座、国旗下讲话、心理社团、主题班会等，全面普及心理健康知识，培养学生关爱身心健康的意识，增加应对问题的方式方法，提升自我状态调适的能力。每个学期，我校组织班主任进行生命教育、学业规划、应试心理、人际关系、情绪管理等主题班会，积极开通学校与家庭同步实施心理健康教育的渠道，开展家庭教育讲座和家长学校活动，举办心理健康教育宣传活动，协助家长共同解决孩子发展过程中的心理行为问题。省级课题《积极心理学在信息技术课题中的运用探究》针对中学生的情绪情感问题进行探索,并于2020年12月顺利结题。心理教师吴艺凤荣获福建省心理卫生协会"2020年度优秀心理咨询师"称号。

为了推进学生心理健康教育,更好地服务学生,我校充分发挥党员先锋模范作用,党支部以志愿服务队为抓手,以为学生办实事、办好事为出发点,推出一系列心理关爱活动,用"走心"的服务赢得学生、家长"真心"的点赞。

(四)开展研学活动

"研"途皆知识,"学"中悟成长。通过研学活动可以培育和塑造学生形成社会主义核心价值观,激发学生对党、对国家、对人民的热爱之情,引导学生主动适应社会,是推动全面实施素质教育的应有之义。学校每个学期都会整合校内外资源,在不同年段里深入开展形式多样的社会实践活动,与溪禾山、华侨职校、慈山农业学校等地联合建设劳动基地,开展研学活动。让学生用脚步丈量,用眼睛发现家乡的美,探索课堂外的世界,厚植师生家国情怀,有效地扩大了学校特色德育的示范辐射影响。

"承千年文脉,谱百年芳华"安溪文庙研学活动

(五)推进学生资助工作,深化全方位育人

扎实推进学生资助工作,学校将学生资助与品德养成、行为习惯、劳动教育、心理健康教育等深度融合,建立国家资助、学校奖助、社会捐助、学

生自助"四位一体"全员协同机制，进行精准定位、精确帮扶、精细辅导、精致发展的特色路径，积极搭建育人服务平台，共同对困难学生开展经济帮扶、思政教育、诚信教育、学业辅导、心理辅导、能力培养等多类型帮扶，形成全员参与、各部门支持、统筹协调的学校资助育人环境。

其中，国家资助主要通过排查，精准地对烈士或优抚、受助学生、事实无人抚养、低保家庭子女等类别学生进行资助；而社会资助主要来自县关工委、"久久爱"公益促进会以及社会上一些不留名的贤达人士等的爱心助学。在"胡爷爷"的帮助下，我校每年大概有10名来自不同年段的学生得到了县关工委的资助。安溪"久久爱"公益促进会自2014年成立以来，每年资助不少于30名学生，他们通过助学这一爱心义举，搭建育人服务平台，及时帮助解决贫困生生活上的后顾之忧。

2023秋季"久久爱"公益促进会爱心助学座谈会

此外，为了实现精准育人，学校还会联合家庭、企业、校友基金会等搭建沟通渠道，助力困难学生生活、学习、就业等方面的帮扶。通过及时的家校沟通，让家长了解学生在校期间的日常表现，寒暑假督促学生有针对性地制定学习计划，助力学生成绩提高；通过与企业进行校企合作，提供学生实习岗位，提高学生就业能力等。同时学校密切关心困难学生就业情况，建立一生一档就业帮扶手册，根据每位学生的实际情况给予精准帮扶，达到全方位育人的效果。

安溪县 2020 年度黄仲咸教育基金会奖学金颁奖仪式

三、探索改革评价制度，助力教学双向成长

2020 年 10 月，中共中央、国务院印发了《深化新时代教育评价改革总体方案》，其中第 15 条指出要"完善德育评价"。根据学生不同阶段身心特点，科学设计各级各类教育德育目标要求，引导学生养成良好思想道德、心理素质和行为习惯，传承红色基因，增强"四个自信"，立志听党话、跟党走，立志扎根人民、奉献国家。

学校为完善德育工作机制，制订《安溪一中德育工作实施方案》，将德育工作制度化、系统化，努力探索新时代德育工作评价新途径与新机制。为加大德育工作考评力度，学校成立德育工作考评领导小组，制定并细化《安溪一中教师德育工作量化考核方案》，扎实推进全人员、全过程、全方位德育工作，从而提高教师德育工作评价的针对性、时效性、全面性，有效提升学校德育工作质量。学校关注学生综合素质成长与评价，制订《安溪一中学生综合素质评价方案》，强化德智体美劳"五育并举"，全面开展"校园之星"评选和"班级之星"互评工作。以《新生入学手册》《学生成长手册》为载体，依托综合素质评价系统，加强对学生成长过程的跟踪评价。在评价方案的引导下，学生对成长有了清晰目标，主动在德智体美劳等方面加强学习和实践，在全面发展上取得积极成效。

第四章

拓宽强师之路　筑牢教育之基

学校秉承着"强教必先强师"的理念，致力于传承教育家的精神，开拓壮大教师队伍，巩固教育基础。学校坚持深化教师队伍建设改革，全面提升教师的专业素养和能力水平，构建园丁攀升路径和教育高地，营造有利于教师专业成长的氛围，引领教师前行，努力培育匠心卓越的好老师，精心锻造新时代的"大先生"，倾情塑造新时代的"教育家"。学校积极探索教师评价改革之路，持续优化教师发展评价体系，注重过程性评价、多元化评价、多层次评价和发展性评价，构建出具有空间交互感的"3+1"评价体系，形成一支业务能力强、综合素养高、师德师风正的教师队伍，为提升学校教育质量提供稳固的人才保障。

第一节　构建园丁攀升路径　培育匠心卓越"好老师"

党的十八大以来，习近平总书记从国家事业发展薪火相传、后继有人的高度，为新时代教师队伍建设指明方向，对教师工作提出明确要求。习近平总书记指出，"建设教育强国，是全面建成社会主义现代化强国的战略先导""强教必先强师""大力培养造就一支师德高尚、业务精湛、结构合理、充满活力的高素质专业化教师队伍"。教育繁荣则国家昌盛，教育雄厚则国家稳固，教师队伍建设是教育体系完备与强大的基础前提。孔子曾言："志于道，据于德，依于仁，游于艺。"习近平总书记强调"坚定理想信念、陶冶道德情操、涵养扎实学识、勤修仁爱之心"，以"四有"好老师、"四个引路人"为代表的关于教师的重要论述，源于中华优秀传统文化，彰显出守正创新的时代精神。

教师是学校发展的"根"与"魂",随着学校的不断发展,对卓越教师的需求也日益增长。因此,学校秉承着教育兴国、教育强国的宗旨,致力于传承教育家精神,奋力培养卓越的"四有"好老师、"四个引路人",不断加强教师队伍建设,提高教师综合素质和专业素养。同时,为更好地实现卓越教师发展规划,打造高素质教师队伍,构建高质量育人体系,学校还成立了教师发展中心,为明确教师专业发展阶梯、规划人才成长道路、全面推动"1、3、6、9、15、21"教师专业化成长攀升路径(详见下图)作出规划引领。教师发展中心借助线上线下融合的混合式培训模式,通过讲座、公开课、技能大赛、团辅活动、读书分享等多种培训形式,助力教师迅速成长,全力打造学校成为"迈向现代品性的示范高中校"。

龙凤园教师专业发展攀升路径图

- 凤舞寰宇,行业标杆(卓越型教师：二十一年省级名师) —— 21
- 龙翔凤鸣,引领一方(名优型教师：十五年一方名师) —— 15
- 丹凤朝阳,教有所成(精干型教师：九年骨干) —— 9
- 龙翔苍穹,业务精通(胜任型教师：六年优秀) —— 6
- 羽翼渐丰,崭露头角(熟练型教师：三年合格) —— 3
- 雏凤初鸣,展翅待飞(新手型教师：一年适应) —— 1

雏凤初鸣,展翅待飞(新手型教师：一年适应)：新手型教师在进入教育行业后的第一年,会面临许多挑战和困难。他们需要学习如何有效地管理课堂,如何与学生建立良好的师生关系,以及如何应对各种教学问题等。在这一年中,新手型教师会逐渐适应教育行业的节奏,找到自己的教学风格,为未来的发展打下坚实的基础。

羽翼渐丰,崭露头角(熟练型教师：三年合格)：经过一年的适应期,新手型教师已经逐渐成长为熟练型教师。在三年的合格期内,熟练型教师会不断地提高自己的教学水平,逐渐形成自己的教学特色。他们会通过参加各种培训和研讨活动,不断吸收新的知识和技能,巩固并提高自己的教学能力。在这个过程中,熟练型教师会逐渐崭露头角,进而成为学校的中坚力量。

龙翔苍穹，业务精通（胜任型教师：六年优秀）：在成为熟练型教师后的六年时间里，教师们将迈向优秀型教师的行列。在这一阶段中，胜任型教师将不断提高自己的专业素质和业务能力，逐步成为学校乃至地区的人才教师。他们会积极参与各种教学研究和改革活动，为教育行业的发展做出自己的贡献。

丹凤朝阳，教有所成（精干型教师：九年骨干）：经过九年的磨砺，胜任型教师已经成长为精干型教师，成为学校的中流砥柱。在这一阶段中，精干型教师会在教学、科研和管理等方面显露出其突出的才能，为学校的发展贡献自己的力量。他们不仅会培养出许多优秀的学生，还会影响并带动其他教师共同进步，为教育行业的发展作出更大的贡献。

龙翔凤翥，引领一方（名优型教师：十五年一方名师）：在成为精干型教师后的十五年里，教师们将迈向名优型教师的行列。在这一阶段中，名优型教师会在教学、科研和管理等方面展现出自身独到的见解与卓越的能力，成为学校乃至地区的教学骨干。他们会积极推动各项教学研究和改革活动的开展，在教育行业的发展上建功立业。

凤舞寰宇，行业标杆（卓越型教师：二十一年省级名师）："宝剑锋从磨砺出，梅花香自苦寒来。"经过二十一年的历练和积蓄，名优型教师已经成长为卓越型教师，大多成为省级名师并作为教育行业的标杆而起到积

龙凤园教师专业成长路径图

极的示范表率作用。在这一阶段中，卓越型教师将围绕教学事业，在多方面展现出精湛的才能，其将基本具备规划学校及地区教育行业发展方向与重心的能力，在整体教育事业上大有作为。卓越型教师的教学工作重心不仅在培养学生上，还在于学校管理与教师培训上，是学校教师队伍中的精英。

统计显示，学校现有正高级教师1人，特级教师3人，省教学名师1人，省学科带头人4人，省骨干教师5人；市名师工作室领衔名师1人，市教学名师7人（含培养对象），市学科带头人27人（含培养对象），市骨干教师40人（含培养对象）；县中小学名师6人，县学科带头人34人。

学校在教研组长、备课组长的知识结构与年龄结构的分布较为合理（详见下表）。学科教研组长（含副组长）共16人，占教师总数的5.54%；获高级职称的有12人。备课组长共有68人，占全体教师总数的23.5%；获高级职称的有23人。

安溪一中2023—2024学年在职教师人数表

在职人数	289	正高级教师人数	1
		高级专业技术教师人数	110
		一级专业技术教师人数	125
		二级专业技术教师人数	28
		三级专业技术教师人数	19
		管理岗位人数	7

学校正全力打造出一支师德高尚、潜心育人的教师队伍，为教育教学质量的提升提供了坚实的人才保障。这主要得益于以下四个方面：

一、文化浸润，营造教师专业发展的氛围

教师发展除了专业知识和技能的提升之外，还包括了价值观念、道德情操等全方位的提升。学校将教师的个人成长融汇于学校的办学愿景和办学全过程中，使之认同学校文化，形成自觉发展意识。一方面，学校坚守"文庙渊源，儒学底蕴"的传统文化，实施了"德育铸魂、智育固本、体

育强健、美育浸润、劳动淬炼"的五大工程，推动了"承千年文脉，润书香校园"项目的开展。学校以"传承文庙渊源"来夯实教师的儒学底蕴；以"五大工程"来点亮教师心中的价值明灯，撬动教师专业成长的内在自觉；以实施"承千年文脉，润书香校园"来筑牢教师素养的基石。另一方面，学校持续深化"多元第一·品质引领"的办学特色，传承发扬"担当使命、追求精致、合力有为、幸福奉献"的新时代一中精神，始终秉承"以人为本·守正创新·面向全体·关注个性"的办学理念。于潜移默化之中，对教师的成长起到熏陶作用，使教师成为学校文化生态的基础和主体，继而将这种主体性和文化认同转化为教师在教育教学活动中的价值观念和行为方式，以此促进教师的专业发展。

二、目标具化，引领教师专业发展的方向

（一）突出师德目标

学校把师德师风作为评价教师专业素质的第一标准，坚持德能相彰，明确师德是提高师能的前提，精湛的师能乃是实践师德的基础。同时，学校把社会主义核心价值观贯穿于教书育人全过程之中，突出全员、全方位、全过程的师德养成。学校还注重教师的职业道德和职业精神的培养，通过开展教师职业道德教育，来提高教师的职业责任感与使命感，最终促进校内教师队伍的良性发展，呈现敬业爱生、崇德尚美的新风貌，增强全体教师的职业幸福感与事业成就感。学校在突出师德目标的过程中，让每一位教师都能树立起红线意识，确保教师的专业发展不偏离正轨，推动教师成为先进思想文化的传播者、党执政的坚定支持者、学生健康成长的指导者。

（二）明确个人目标

学校注重教师专业发展的个性化需求，每位教师能根据个人的成长目标制订《教师自我发展三年规划》，从职业道德、专业理念、专业知识、发展规划等多方面充分认识自我、明确自身的优劣、确立适切的发展目标、唤醒专业发展自觉，使自己成为专业发展的主体。学校为教师提供了

多样化的培训机会，如专题讲座、学术交流、实践研修等，借助形式多样的活动帮助他们提升自身的教学技能、教育理论和实践创新能力。同时，学校还积极搭建教师发展平台，如开设公开课、举办教学比赛、组织教学研讨等，为教师提供了展示才能、交流经验的宝贵机会。学校对全体教师提出了每年完成"五个一"的任务，即读一本好书、上一节公开课、写一篇校级以上论文、参与一项科研课题、出一份好试卷。此外，学校每年开展全员岗位大练兵，常态化地开展专项技能比赛，如"片段教学""解题析题"等技能竞赛。学校还开展了教师学科技能评比，如政治学科的时政述评、历史学科的史料分析、物理学科的实验演示、数学学科的解题比赛等。学校对加强教师之间的交流与合作方面也尤为重视，通过组织开展各类教研活动、教学研讨会等，为教师提供交流学习、取长补短的平台，促进了教师之间的相互学习、相互借鉴，有效提高了整体教师队伍的专业素养。

（三）搭建层级目标

学校采取金字塔式培养阶梯，搭建新入职教师、校内名优教师、市级名优教师、省特级教师、正高级教师的不同梯队，为教师具化层级目标，实现其教学水平的逐年提升与突破。学校制定《安溪一中校本研修方案》《安溪一中青蓝工程实施方案》等制度，将教师个体发展方向与学校培养需求相结合，确立分层研训的基本方向：青年教师研修方向——提升专业技能，修炼教学功底；中年教师研修方向——承担教改教研课题，提升教学科研能力；老教师研修方向——带领中青年教师，总结教育教学智慧，努力学习教育信息化技术，做到与时俱进。学校注重充分调动中老年教师的积极性，"搭台子"让他们"展风韵"，通过带队伍、传经验、凝思想、彰风格升华中老年教师的职业归属感、成就感、幸福感，延长其职业生命周期，形成教师队伍良性发展的一个有效闭环。

三、分类评价，满足教师专业发展的需求

学校根据不同年龄阶段教师的专业发展规律和需求，分层次构建了

0—3年教龄教师的入职适应性评价、4—15年教龄教师的发展性评价、15年以上教龄教师的引领性评价的三层三类教师评价体系。依托新教师入职培训、信息技术培训、课题研究培训、青蓝工程、校本研修活动等平台，通过设计培训项目评价表，量化评价教师在培训或活动中的表现，助力新教师树立正确的职业观，掌握教育教学基本功，尽快站稳讲台；助力成熟教师形成个人教学风格，逐步成为骨干教师；助力资深教师全面提升教育教学素养，站在更高的平台上综合发展，在"教—研—训"的融合进阶中推动教师专业提升。

学校建立了团队动态评估机制，以"过程评价"监控教学品质和教学素养，激发教研组、备课组、年段、名师工作室、学科工作坊、科研课题组、师徒组等团队的内在动力，促进团队成员实现共进共赢。如依托青蓝工程，创建一对一学科专业发展的共同体。在"师徒捆绑"评价办法的基础上，还聚焦教师专业发展的实践任务，细化评价内容，记录师徒共同成长的历程。又如学校对各备课组进行"组团式"质量评估。从教学常规、教学研究、学科特色发展、教学成效等指标着手，学校将进行过程性和综合性考量，以增强教师团队发展意识，以点带面推动团队的整体发展。为了进一步激发教师的工作积极性和创新精神，学校还制定了一系列激励措施，如设立优秀教师奖、最美教师奖、教学成果奖等，以表彰和奖励在教学工作中表现突出的教师。同时，学校还注重为教师提供良好的工作环境和福利待遇，以提高教师的工作满意度和生活质量。

四、建立保障，护航教师专业发展的实现

锻造一支高素质的教师队伍，是学校发展的第一要务。唯有坚持狠抓队伍建设，促进教师专业发展，才能戮力同心将学校办成"学生清澈、教师清亮、家长清爽、管理清新"的现代品性示范高中校。

为了让各项教师专业发展的制度、方案落地生根，学校精心策划"六子登科"（详见下图）：首先，学校为教师提供了明确的发展标准，即"定尺子"，确保教师专业发展有章可循；其次，学校积极搭建各种平台，即

"搭台子",激发教师自我提升的愿望;第三,学校鼓励教师在教学方法上进行创新,即"想点子",以适应多样化的教学需求;第四,学校为教师提供了专业发展规划,即"指路子",帮助他们明确发展目标;第五,为了给优秀的教师提供更广阔的发展空间,学校采取了"给位子"的措施;第六,学校为教师专业发展项目提供了充足的保障,即"出票子",确保项目的顺利推进。通过这一系列的措施,学校为教师专业发展提供了全方位的支持和保障。这不仅有助于提升教师的专业素养,提高教学质量,还能为学生的成长创造更好的教育环境。"六子登科"策略的实施对学校的长远发展具有重要的意义。

"六子登科"策略图

第二节 倾力构建教育高地 锻造新时代的"大先生"

教师不能只做传授书本知识的教书匠,而要成为塑造学生品格、品行、品味的"大先生"。学校牢牢把握系列主题教育重大契机,全面贯彻落实党的二十大精神,认真贯彻教育、科技、人才"三位一体"统筹推进的战略部署,坚持以学铸魂、以学增智、以学正风、以学促干,不断深化教师队伍建设改革,全面提升教师专业素质与能力,着力引导、支持、激励、保障广大教师坚守为党育人、为国育才初心使命,做信仰良师、学问良师、道德良师,努力成为学生为学、为事、为人示范的"大先生",有力回答"强国建设教育何为、教师何为"这一时代课题。

一、用好"金钥匙",着力培育信仰良师

理想信念、家国情怀是"大先生"的灵魂。习近平总书记在中共中央政治局第五次集体学习时强调,"加强师德师风建设,引导广大教师坚定理想信念、陶冶道德情操、涵养扎实学识、勤修仁爱之心"。此前,在同北京师范大学师生代表座谈时,习近平总书记明确提出,做好老师,"要有理想信念""要有道德情操""要有扎实学识""要有仁爱之心"。习近平总书记的一系列重要论述始终把理想信念摆在首要位置,我们应将其作为好老师的首要条件,"大先生"的根本。教师只有在理想信念这个根本问题上坚定、执着,才会在"培养什么人、怎样培养人、为谁培养人"这项重大使命中清醒、坚定,才能教育和引导青年学生不断坚定中国特色社会主义道路自信、理论自信、制度自信、文化自信,不断增强做中国人的志气、底气和骨气。

坚持铸魂补钙,打牢思想根基。坚定理想信念,就是要坚定对马克思主义的信仰、对共产主义和社会主义的信念,带头真学、真信、真懂、真用。学校紧抓学习贯彻习近平新时代中国特色社会主义思想主题教育的重大契机,以党的创新理论指导新时代教师队伍建设发展,从感悟思想伟力中充分汇聚教师队伍建设强大正向能量,全面加强教师思想引领,引导教师深怀爱国之心、砥砺报国之志。

坚持强基固本,夯实组织保证。织密组织体系是坚定"大先生"理想信念、铸魂育人的重要基础。一是打造特色模式。严格落实"中小学校党组织领导的校长负责制",成立了以党总支书记林添才为组长的党建工作领导小组,坚持"五风四带"融合构建示范党支部,坚持以党风建设为统领,持续推进党建和教育教学工作深度融合,着力构建"党风带校风、校风带师风、师风带学风、学风带民风"的工作体系,以高质量党建引领教育教学高质量发展,持续推进学校建设。二是建强战斗堡垒。学校制订关于进一步做好在教师中发展党员工作的意见,优化发展党员工作程序,对

于特别优秀的高层次人才、学术骨干、青年教师，递交入党申请书后可不受时间限制，直接作为入党积极分子进行重点培养。三是创建"双培养"工作室。名校培养名师，名师支撑名校。为进一步加强教师队伍和党员队伍建设，充分发挥党员名师的领衔、示范、激励、凝聚和辐射作用，带动年轻教师的政治素养和业务水平双提高，推动学校党建工作和业务工作双提升，学校成立1个省级名校长工作室、1个省级名师工作室、1个市级名师工作室、22个"党员·名师"双培养工作室、3个项目式学科工作坊。工作室主要采用具身投入的方式，让成员卷入到真实的活动中去，通过主题活动、特色活动、研修活动提升专业能力。

名师工作室自2018年成立以来，就锚定教师专业需求，聚焦核心素养，变革常态课教学。领衔人需要整合自身的辐射能力与社会资源支撑力，为成员设计持续不断的"有营养、易消化"的研修内容。如"教学设计，课堂展示""四研"主题活动，工作室通过"一课一深思、一课一深研、一课一提升"帮助成员研读课标，从高站位认识育人价值；研读教材，从学科逻辑理解教学内容；研读学生，从学习者视角设计教学活动；研读课堂，从教育者视角培育核心素养，帮助成员在边实践边探索、边反思边精进中实现专业成长。搭建全员研习平台，开展多视角的特色活动。领衔人需要以项目为抓手，以特色资源建设为载体，搭建全员都能参与的研习平台。如"对话名师，为心赋能"活动，为了让成员感受名师的教学风采，欣赏名师的教学艺术，看见名师背后的努力，工作室先后邀请国内著名专家和特级教师20余人走进各工作室和工作坊，与成员面对面交流，破解成员的疑惑，拓宽成员的视野，丰盈成员的教育教学观，增强成员专业成长的信心和底气。领衔人需要发挥自己的特长，在兼顾学科特点、成员个性特点的同时，为成员专业发展找到一条适宜的路径，帮助成员实现课堂教学的转型。直面职业瓶颈问题，开展多维度的研修活动。为了帮助不同水平的成员突破瓶颈，获得不同层级的专业发展和能力提升，领衔人必须不断创新学习样态。专家引读，靶向指导。工作室通过"定时间、定主题、定专家、定流程"的方式，实现"研修＋展示"一体化，通过派发主持、总结、撰稿等小任务，倒逼成员理性思考，营造敢于质疑、善于思考、勤于表达的研修学术氛围。共读共思，知行合一。工作室每年采用"赠送＋自购"的方式，通过"指定＋推荐"的阅读活动，以摘抄精句精段、分享心得体会、展示微格教学等形式拓宽成员的专业阅读面，提升阅读质量，将理论学习与课堂教学有效对接，实现理论与实践的同步提升。

学校于2023年成立4个学科工作坊，分别是理科工作坊、文科工作坊、中青年教师工作坊、班主任工作坊。各学科工作坊以探索"有效课堂教学模式"为抓手，沿着"理论案例学习—研磨重难点妙招—选择课型课例—研磨教学设计—实践萃取模式"的路径，驱动教师学习相关的专业知识，帮助教师初步掌握重难点教学研究方法、学科教学设计技能，生成优质的教学设计、微课和课件资源。全校推进工作坊以"聚焦校本研修，提升教学素养"为核心，探索校本研修的有效途径和方法，提升教师素养。

各工作坊实行坊主负责制，核心团队一般由坊主、坊辅导员和坊管理员共3人组成，学校在每个工作坊派驻一名项目执行负责人。各工作坊将根据研修专题实施递进式研修，研修内容以当前学校教师需求为基础，依据先进教学理念，围绕"聚焦重点难点，优化教学设计""聚焦教学设施，提升专业技能""聚焦教学评价，提升教学效果"等主题设计课程，通过课程学习、课例研修、磨课研课、交流研讨、资源分享、创新设计、相互评价、成果固化等方式，依托学科专家和骨干教师带动各学科教师开展常态化研修，促进教、研、训一体化，进一步提升学校教师"立德树人"的师德修养和业务能力。

坚定文化自信，推进以文化人。百年的办学实践中，学校涌现出赵艺阳、颜古城、叶志安等一批有信仰、勇拼搏、永坚守的"大先生"，并积淀形成了融"担当使命、追求精致、合力有为、幸福奉献"于一体的"新一中精神"。学校坚持将"儒学思想""新一中精神"作为熔铸新时代"大先生"的重要底色，以史育人、以文化人，充分彰显千年文脉资源中蕴藏的育人导向、示范和激励功能。大力弘扬教育家精神，通过校内校外、网上网下等渠道，善用领导干部带头讲、专家学者深入讲、全体教师普及讲等方式，引领广大教师树立崇高理想信念，自觉投身铸魂育人。

进入新时代以来，全体教职员工不断坚定对马克思主义的信仰，普遍形成了"习近平新时代中国特色社会主义思想是解决实际问题、破解发展难题的'金钥匙'"的思想共识。"学而不厌、诲人不倦、砥砺慎思、提携后辈"的周志清老师、毕生践行"潜心育人"信仰的吴友谊老师等一批坚守初心、步履不止的"大先生",为广大青年教师树立了典型标杆。一批以"党建强"促"发展强"的典型教研组,将党建与学科建设深度融合,全方位多维度涵育爱党爱国爱社会主义情感,为培养新时代"大先生"提供了成长沃土。

二、建设"新高地",着力培育学问良师

学高为师、身正乃范。扎实的知识功底、过硬的教学能力、勤勉的教学态度、科学的教学方法是老师的基本素质,其中知识是根本基础。新时代"大先生"不仅要有深厚的知识底蕴,还要有团结齐进精神。

坚持党管人才,打造高质量教师队伍。学校始终把省级示范性高中的教师队伍建设作为龙头工作来抓,结合主题教育开展,深入探索教师队伍成长规律,持续推进人事人才体制机制改革,努力破解深层次矛盾,积极营造人人竞相成才、人人皆可成才的良好生态,形成了推动人才强校战略提档升级的新思路新举措。谋划建设高水平师资队伍。健全杰出人才体系,持续推进"高层次人才梯队"培育、实施"领军教师培养行动计划",建立重大科研项目实施主战场、重大创新平台建设第一线校际联合培育机制。构建青年教师全链条成长发展路径,有意识、有计划地发现、培养青年教师,充实"大先生"后备力量。深耕教师队伍能力提升,制订出台教职工能力提升计划,构建全员成长发展机制。分批次组织开展教育教学培训,遴选有潜质的教师进行重点培养,不断提高传授"大学问"的育人本领。深入推进评价制度改革,着眼破除"五唯",以人才培养质量和实际贡献为核心,制度化确立人才培养在聘期考核指标体系和考核制度体系中的权重和目标任务。做好教学业绩、教研成果在评价标准中的认定使用,强化绩效工资改革对教师育人的激励和支持。

坚持教学为本,坚持推进"四研"活动。学校持续推进教师群体教研

活动专业品质提升行动。"乘骐骥以驰骋兮，来吾道夫先路。"近年来，学校在不断教研实践中，认为学科教研可立足"四研"（即研读课标、研读教材、研读学生、研读课堂），打造优质学科教学团队，实现教师专业的跨越式发展。

一是组织保障，制度先行。学校高度重视教研组建设，制定完备的教研制度，建立同伴互助、共同提高的常态教研机制，校级领导、中层干部、年段管委会及教研组长等全程参与听评课等教研活动，及时发现和纠正教研过程中的问题和行为，确保教研有目的、有计划、有实效。

二是打通渠道，内培外引。为构建更加高效的教育科研新机制，学校将着眼于培养途径的完善，积极对接福建省学习科学学会教师发展研究委员会，紧密合作，汇集专业智慧，为教师的专业发展提供更多资源和平台。将专家"请进来"，致力于"三研"及大单元教学的研究；让教师"走出去"，通过跟岗、培训、校际交流等方式开阔眼界，掌握先进的教学理念。特别是新课标颁布后，教师们更是多次进行解读和研究，旨在更好地践行新课标理念。

三是立足"三研"，备课前行。（1）"研课标"，即对课程性质、基本理念、设计思路等六小点进行研究，引导教师向"课标"看齐，准确把握课程性质、教学目标和学科思想方法。（2）"研教材"，即从教材编写体例、教材编写特点、不同版本教材对比等六小点进行研究，向教材宽度、深度看齐，建构完整的学科知识体系。（3）"研实施"，即将"研读学生"和"研读课堂"结合起来，从实施方法、整体教学设计思路、教学方法与流程三小点进行研究，向理念看齐，建构"以学生为中心"的课堂，将评价重点放在学生的学习态度和学习兴趣上。以研促教，活动同行。教研活动主要包括：大教研以研究教材教法为根本，以深入开展课堂教学改革为突破口，以骨干教师示范课为引领，以青年教师磨课、研课为途径，不断提升师资队伍水平。年段教研则以备课组为单位，明确研讨主题，利用两节课的时间开展集体三研备课、大单元备课、磨课，探讨教学重难点，力求将各项教学常规落到实处。即时教研，又称"休息室教研"，可以随时随地展开，对课堂教学中遇到的小问题、小疑惑等进行及时探讨，切实解决教师在教学过程中遇到的棘手问题。

四是"教"有智慧,"研"上台阶。学科备课组教研活动一直是我校教育教学活动的重要组成部分。

为进一步推进课堂教学改革,加强各学科备课组建设,探索高质量校本教研模式,增强教师教学能力,2023年12月18日至22日,我校举行了高三年段九大学科备课组教研观摩活动。书记、校长林添才,副校长林松青及教务处、教研室的中层干部参加观摩活动。高三年段九大学科的备课组都展示了一次完整的集体备课。各备课组充分考虑高三年段学生的学习情况和教学实际情况,结合《新课程标准》和高考题型的分析,制定了具有针对性的教学策略。备课组长作为主备人,引导集体讨论,不仅关注教学内容的研讨,还深入了解学生的学习情况,确保各班型兼顾。各备课组不仅对上周统练情况进行反馈总结,还对下一周的教学内容和教学方法进行集体研讨,确保教学的连贯性和有效性。大家各抒己见,畅所欲言,既有对教学方法的讨论,也有对教学观念的碰撞,还有对知识点的交锋。通过教、学、评、议的结合,实现教研同行,提升学校的教育教学质量。

高三年段九大学科备课组教研观摩活动

坚持服务国家,践行使命担当。培养新时代铸魂育人"大先生",要塑造"扎实学识",更加注重引导教师笃定"国之所需,吾之所向"的信念,努力成为教育教学造诣高深、心系"国家事"肩扛"国家责"的"大先生"。学校始终坚守为国家服务的使命,致力于培养新时代的"大先生"。学校在培养新时代"大先生"的道路上不断前行，通过加强学校专业社群（OPLC）建设，形成了常态化的社群运作样态。目前，学校有3个专业社群，分别是教师发展社群、课程改革社群和德育工作社群。每个社群都有明确的目标和计划，定期开展活动，促进教师专业成长，提高教育教学质量。教师发展社群通过举办讲座、研讨会、工作坊等形式，为教师提供专业发展机会。学校邀请教育专家举办讲座，分享教育教学经验，提升教师专业素养。此外，学校还组织教师参加各类培训活动，如教学技能培训、教育科研培训等，帮助教师掌握更多教学技能和科研方法。课程改革社群致力于推动课程改革，提高教学质量。学校通过整合校内外资源，开展课程研发、教学设计等活动，提高教师的课程开发和设计能力。同时，学校还鼓励教师参与各类教学比赛，展示自己的教学成果，促进教师之间的交流与合作。德育工作社群关注学生的德育工作，通过开展各类德育活动，提高学生的道德品质。学校组织教师参加德育专题培训，提高教师的德育工作能力。并且，学校还开展各类德育活动，如主题班会、社会实践等活动，帮助学生树立正确的价值观和人生观。学校通过加强专业社群建设，形成了常态化的社群运作样态，为教师的专业成长和学生的全面发展提供了有力的支持。未来，学校将继续加大力度，推动专业社群建设，为新时代"大先生"的培养提供更好的环境。

名师成长论坛暨青年教师培训会

学校致力于创造崇尚研究的氛围，促使教师自觉走进科研，倡导教师将教科研与教学相结合，把课题研究过程变成课堂教学的实践过程。学校还引导教师在实践中探索，在探索中反思，在反思中改进，使课题研究向纵深方向发展。学校多项课题顺利通过在国家级和省级立项、结题和获奖，并被确定为全国教育科学"十四五"规划教育部重点课题实验基地学校，被中国人民大学书报资料中心基础教育期刊社授予"学科共建基地"的称号，被确认为"泉州市基础教育学校校本教研示范校"培育对象。这些荣誉充分体现了学校在教科研领域的领先地位和贡献。

市级以上课题研究登记汇总表（2020－2024）

序号	课题名称	负责人	级别	立项编号
1	文化视角下高中语文教育理念的变化观察	林添才	国家级	JKY5318
2	中学育人方式变革背景下的"适切教育"校本育人体系建构	林添才	省级	FJJKXB20-1127
3	基于项目式学习工作坊创新实践研究	林添才	省级	FJJKZX23-388
4	问题探究式课堂教学模式常态化应用研究	陈鹏腾	省级	Fjjgzx20-065
5	积极心理学在信息技术课程中的运用探究	陈全虹	省级	FJDJ1812
6	高中数学智慧课堂教学模式的实践研究	陈汶森	省级	2020XB0107
7	阅读习惯对高中生学科素养培养影响的研究	黄福恭	省级	FJJKZX21-163
8	基于大数据分析的中学数学校本作业设计与评价研究	苏灿强	省级	FJJKZX22-477
9	学科核心素养视域下的高中语文小说专题教学	林刚明	省级	2019XB1583
10	整体发展视域下中学语文单元学习任务群建构研究	王流笔	省级	FJXCZX23-300
11	基于学科关键能力的县域高中拔尖创新人才培养的实践研究	章国祥	省级	FJJKZX23-772
12	物联网环境下的智慧课堂构建与应用研究	肖江波	省级	KT2223
13	非遗传承背景下茶文化美育课程构建	许梅菊	省级	FJMYZX23-37
14	导学模式下初中历史"智趣"课堂实践研究	许圣娇	市级	OJYKT2019-228
15	高甲戏在高中教学课堂中的实践与运用研究	叶红	市级	QG1451-195
16	核心素养背景下的课堂效率提升研究	肖江波	市级	QJYKT2019-230

续表

序号	课题名称	负责人	级别	立项编号
17	"五项管理"对提升教学质量影响的研究	黄福恭	市级	QJYKT2021-06
18	基于核心素养的课堂效率提升研究	黄耀卿	市级	QG1352-212
19	中学智慧课堂教学模式的实践研究	苏灿强	市级	QJYKT2020-172
20	中学智慧课堂下校本作业设计与评价研究	苏灿强	市级	QG1451-193
21	"双减"背景下基于大数据支持的中学校本作业设计与实施研究	苏灿强	市级	QZDJKT2344
22	读—思—达高中英语课堂深度阅读模式的教学探究	王德地	市级	KCZ2020061
23	"先学后教"在统编教材中的应用研究	吴友谊	市级	QG1352-217

学校积极开展有组织的人才培养、科学研究和社会服务，有效引导教师在国家需求中找准自身的价值坐标，将课题、论文写在祖国大地上，将科研成果应用于教育教学发展，不断提升教师队伍的科研水平和服务能力。学校聚焦"推动文化繁荣、建设文化强国、建设中华民族现代文明"这一新时代新的文化使命，充分发挥学校"承千年文脉，谱百年芳华"特色文化，完善人文社科领域科研组织模式，做大做强高端平台和创新团队，加快造就与时代同频共振的教育教学领军人才。学校还注重培养教师的社会责任感和使命感，鼓励教师积极参与社会服务，发挥专业优势，为社会发展贡献力量。学校定期组织教师深入基层，开展社会实践活动，了解社会需求，提高教师的实践能力和服务水平。学校通过这些努力，为培养新时代的"大先生"，推动文化繁荣、建设文化强国、建设中华民族现代文明作出了重要贡献。

在新时代的大潮中，学校犹如一艘破浪前行的巨轮，引领着一大批"学问良师"乘风破浪。这些卓越的教师，不仅在学术领域取得了令人瞩目的成就，更是在教书育人的道路上，用他们的智慧和热情点燃了学生心中的火焰。高层次人才数量逐年攀升，目前，学校有43位市级高层次人才。这背后离不开这些"学问良师"的辛勤付出。他们以严谨的治学态度、深厚的学术底蕴，为学生们带来丰富的知识盛宴。同时，他们也注重培养学生的独立思考能力和创新精神，鼓励学生勇敢地探索未知领域。

三、涵养"好生态"，着力培育道德良师

经师易求，人师难得。教师不能止步于做传授书本知识的教书匠，而应当力求成为品格、品行和品味"三高"的"大先生"，既精通专业知识、做好"经师"，又涵养德行、成为"人师"。学校高度重视师德师风建设，把加强师德师风建设作为教师队伍建设的首要任务，坚持高位引领与筑牢底线相结合，严管与厚爱并重，激励教师争做学生的"道德良师"，为推进学校"迈向现代品性"建设、落实立德树人根本任务、办好人民满意的教育、建设教育强国提供有力支撑。

在高位引领上，优化顶层设计，健全完善党总支统一领导、牵头处室协同推动、年段具体落实、教师党支部一线支撑的党政齐抓共管教师思想政治工作机制，成立教师发展委员会，加强委员会及其他相关部门协同联动，将教师思想政治工作和学校"迈向现代品性"建设一同谋划、一起部署，着力加强对教师思想政治和师德师风工作的宏观指导。加强典型选树，构建逐级引领、体现贡献的教师荣誉体系。学校通过举办教师节表彰仪式、优秀党员表彰仪式、教职工光荣退休仪式等，不断增强教师的身份认同与职业认同，提升教师的幸福感、成就感与荣誉感。发掘教师先进事迹，通过学校微信公众号、校园网、安溪电视台等渠道加强对内对外宣传，树立师德标杆，营造出尊师重教的良好氛围，发挥正面典型的示范引领作用，激励全体教师争做"四有"好老师，做学生的"四个引路人"。学校将2023年设为师德师风教育暨师德建设巩固拓展年，将每年的9月份确定为师德师风建设月，组织开展"讲好师德故事、潜心立德树人"为主题的师德演讲比赛，加强监督，抓实日常教育，制定师德专题教育方案和加强学风建设工作方案，开展师德师风警示教育活动，通过以案说纪的方式，教育警示全体教师知敬畏、守底线、明师德，进一步强化教师文明从教、廉洁从教、规范从教的职业意识，增强教师为党育才、为国育人的责任感和使命感。

在筑牢底线上，完善制度体系，制定实施《安溪一中教师思想政治素质和师德师风综合考察工作办法》《安溪一中关于教师师德失范行为的处理办法》等制度文件，严格执行师德师风第一标准，将师德表现作为教师聘用、年度考核、职务职称评聘、科研和人才项目申报、评优奖励的第一要求。在教职工大会上，学校党总支书记、校长林添才多次带领全体教师深入学习习近平总书记关于教育的重要论述，特别是要求全体教师始终牢记习近平总书记对教师的殷切希望和要求，努力提高全体教师的思想政治素质和道德素质。副书记廖志宏组织全体教师认真学习《新时代中小学教师职业行为十项准则》《泉州市中小学教师师德考核负面清单》等文件，明确师德要求，为师德失范亮明戒尺。强化师德督导，畅通师德失范行为举报渠道，对师德失范行为"零容忍"。组织实施"树师德正师风"专项检查，开展师德师风问题自查，建立师德失信档案，对师德违规问题早发现、早处置，对教师出现师德失范现象、履责不力的责任人进行依纪依规问责。加大调研力度，深入了解教师思想状况，及时发现苗头性问题，切实提高了工作针对性和实效性。开展警示教育，明确师德负面清单，规范调查处理程序，建立分级通报制度，根据教育部公布和社会报道等情况，跟进做好警示教育，及时更新警示教育案例库，通过鲜活的警示案例，不断巩固和增强全体教职员工的底线意识。

进入新时代以来，全校上下凝聚起团结奋斗服务中华民族伟大复兴的昂扬精神状态和浓厚干事氛围，持续涌现出福建省优秀教师黄福恭、苏灿强、李德勇等先进人物，树立了一中育人队伍的良好形象。

"大先生"是信仰良师、学问良师、道德良师。培养新时代铸魂育人"大先生"就是要培养三方面的统一者。学校将继续坚持以习近平新时代中国特色社会主义思想为指引，深入学习习近平总书记重要讲话和重要指示批示精神，全面落实教师为本的理念，大力推进人才强校和科研兴校战略，持续加强师德师风建设，不断健全成长发展体系，弘扬尊师重教风尚，加快建设高素质专业化教师队伍，培育造就更多铸魂育人"大先生"，为培养造就堪当民族复兴重任的时代新人，全面建成社会主义现代化强国作出新的贡献。

第三节 优化发展评价体系 塑造新时代的"教育家"

教育评价是教育事业健康发展的关键环节。科学有效的教育评价可以形成正确的教育导向,精准衡量学生发展水平、教师专业水平与学校办学水平,服务于教育教学的改进,助力提升现代教育治理能力。高质量的教育离不开高质量的教师队伍,而高质量的教师队伍建设则需要客观、公正、科学、有效的教师评价制度作保障。随着新教育形势的变化,学校积极探索教师评价改革。在评价中,坚持显性评价数据化,隐性评价优质化的原则,注重过程性评价、多元化评价、多层性评价、发展性评价,努力让评价成为教师专业成长的催化剂,成为教师持续发展的指路牌。目前,学校已初步构建了一套有空间交互感的"3+1"评价体系,形成了一支业务能力强、综合素养高、师德师风正的教师队伍。

"3+1"评价体系,以"把教师培养成信仰高、修为深、底蕴厚、育人智的大先生"为目标,将教师的基础性评价、发展性评价和卓越评价作为学校年度评价的指标,加以教师的增值评价,过程性评价和终结性评价相结合,精准定位教师的发展坐标,激活教师发展的内驱力。

优质基础性评价
抓好师德评价第一关
抓好教学评价第一课
抓实综合评价第一步

公平卓越性评价
以推动学校每年重大项目为评价内容,由学校行政班子、年段管委会和教研组长组成评审团,对每学期学校重大项目的进展与成果进行评价,根据教师对项目的贡献对参与教师酌情加分。

多元发展性评价
终身学习能力、反思能力、创新能力、管理能力和心理辅导能力

公正增值性评价
对新接任班级的班主任和任课教师制订专门考核制度,更关注于学生的发展变化,班级的评比提升,课堂的变化等,以提升的百分比为依据进行五个等级的增值评价。

安溪一中"3+1"教师发展评价体系

一、优质基础性评价，赋能专业成长

抓好师德评价第一关，突出师德过程评价。师德师风是评价教师素质的第一标准。为更好地强化教师队伍思想政治和师德师风建设，学校一方面专门成立了"师德师风专项成长"小组，由党员代表、教代会代表组成，集中研讨，集思广益，制定学校《师德师风培训计划》《师德师风考评制度与细则》《师德师风专项成长档案》等，对每一位新入职教师进行入职前考察，每学期按计划对全体教师进行师德师风培训，发挥退休教师的余热，为教师上好师德师风成长课，让优良的师德师风得以发扬和传承。在对师德师风评价中，积极推行师德考核负面清单制度，对于违反师德行为的，实行一票否决制。另一方面，学校积极抓典型、树模范、广宣传，进行"最美教职员工"的评选活动，表彰师德师风突出个人，激发教师们树立正确的价值观、教育观。2023年，王志良、王流笔、李树鑫、陈全虹、陈清德、陈雅鹏、黄文章、傅火佳、谢柳花、谢毅南等10名教师获得校级"最美教职员工"荣誉称号。

安溪一中2023年度最美教职员工颁奖仪式

抓好教学评价第一课，突出教学多层评价。学校树目标、强举措，高质量做好教学评价工作。为更好地引领教师成长，发挥评价的导向功能，学校根据实际情况，依据教师自身的成长，设置了梯级成长目标：新手型教师、熟练型教师、胜任型教师、精干型教师、名优型教师和卓越型教师。每个层次的教师都设置相应的达成目标，只有在规定的时间内达到既定的目标，才能评定为相应的教师类型。

在实施过程中，学校将定期对教师的教学表现进行评估，包括教学效果、教学方法、课堂管理、教研活动参与等方面。评估结果将作为教师晋升下一级教师类型的重要依据。对于未能在规定时间内达到目标的教师，学校将提供相应的培训和指导，帮助他们尽快提升教学能力。学校还引入第三方评价机构，对学校的教学评价工作进行监督和评估，确保评价工作的公平、公正和透明。同时，学校还将积极倾听教师和学生的意见和建议，不断优化评价体系，提高教学评价工作的质量和效果。梯级评价目标的设置，既激发了老师们的教学热情，同时又能够带动各个年龄段教师的不断成长。

为了帮助教师实现高效课堂，学校同时启动了"年段组跨学科联合教研""精准帮扶""优秀课例展示"和"青年教师培养"四大成长策略。年段管委会定时定点进行多学科联合教研活动，由年段管委会主任提前设定好主题，老师们围绕主题进行深度教研，实现教学提前备课、教学内容和练习相统一。学校专门邀请两位骨干教师分别作为青年教师的教学和德育方面的导师，通过经验丰富的老教师传、帮、带，对他们进行一对一帮扶、面对面指导，帮助他们规划教学、充实课堂、提升管理等能力。优秀课例展示，通过课例打磨、好课示范、互评互长，提升了教研水平、促进了教师专业发展。每学期钢笔字、粉笔字、毛笔字的培训与练习帮助青年教师写好中国字，练好基本功，传承好中国传统文化，做更优秀中国教师；每学期的师生同读一本书、青年教师读书沙龙、寒暑假的教师作业之"读一本好书"读后感评选活动，让教师补充和丰富了必要的理论基础，促进了内在和谐与成长，切实提高了综合素质。

抓实综合评价第一步，突出综合多维评价。教师的成长具有动态性，为了更客观地对教师进行评价，学校注重多维度的过程性评价，过程性评价以教师的自我评价为重点。每学期，学校会为每位教师准备成长记录档案，记录这一学期的成长过程和过程评价，其中既有课堂的评价、月度评价，又有学期的评价。学校每学期都会组织各种形式各种课型的听评课活动。在听评课活动中，年级组内同学科教师要积极进行听课，并在课后对任课教师的课进行评价，形成评价性语言和评价性分值，记录在教师成长记录中。教师的每一次听课，也会相应记录在档案中。月度评价，既以月为单位对教师进行评价，年级主任和教研组长组织老师们对教师这一个月的工作情况、教学情况、参加教科研情况等做出客观的定量和定性评价，为每位教师今后的发展提出指导性建议。学期评价，即以学期为单位对教师进行综合评价。教师要根据自己的学期计划，提交一份工作总结，针对自己的目标实现程度进行自我评价。学校教研室、教务处、政教处等部门联合学生、家长为教师进行综合性评价，并对以后的发展提出建议。

二、多元发展性评价，激活专业成长

评价的目的在于引领、激发与成长。学校不仅注重教师的基础性评价，更加注重教师的个性发展，注重教师的发展性评价。发展性评价旨在提升教师的终身学习能力、反思能力、创新能力、管理能力和心理辅导能力。学校通过教师技能比赛、素养大赛、专题培训等活动，评选出"学习星""管理星"等；通过课题研究、查证教师个人证书和学生证书，评选出"创新星"；通过心理测评、心理教育课堂，评选出"心理辅导星"；通过举办教师精品课遴选和教学反思本的检查，评选出"进步星"。多元发展性评价，唤醒了教师自我发展的内驱力，激发了教师成长的力量，激活了教师的潜能。

三、公平卓越性评价，提升专业成长

教师评价，不仅影响教师个人发展，还影响着学校教师队伍的稳定和内涵式发展。学校不仅注重教师个人发展，更重视卓越团队的发展。卓越性评价以推动学校每年重大项目为评价内容，由学校行政班子、年段管委会和教研组长组成评审团，对每学期学校重大项目的进展与成果进行评价，根据教师对项目的贡献对参与教师酌情加分。学校成立了"名师工作室"，名师带领其他教师实现飞跃式成长；成立了"德育发展中心"，"蛟腾盘云·勤实慧农"应用型劳动教育特色项目被评为省第四批劳动教育优秀项目；在市中小学生艺术节朗诵比赛中荣获一等奖；《茶和天下，青春不慌堂——一体化思政项目》项目在市"向海而学"大中小学一体化思政教育暨海洋文化进校园项目评选中获得中学组三等奖；泉州市高中语文赵艺阳名师工作室在 2023 年考核中被评为优秀。

四、公正增值性评价，助推专业成长

学校在对教师的综合评价中，加大增值考核力度。为了更好地保障评价的公平性，学校对新接任班级的班主任和任课教师制定了一套专门考核制度，考核更关注于学生的发展变化，班级的评比提升，课堂的变化等，以提升的百分比为依据进行五个等级的增值评价，并在考核实施过程中，引入监督机制和公示制度，保障考核全面、公平、有效。

除此之外，学校还加大对教师评价的培训力度，邀请专业人士对教师进行培训，增强教师的评价能力，助推教师成长成才。

"3+1"评价体系以教师发展为核心，尊重教师个体的发展需求和发展潜能，把教师个人本性中追求卓越的需求激发了出来。新评价体系已成为教师专业发展的引擎机，推动教师专业发展，引领教师专业成长。

第五章

聚焦课程建设　全面提升教育品质

安溪一中致力于建设一所具有现代品性的省级示范性学校，由此持续推动着学校加强课程建设、深化课程改革、优化课程内涵，从学理机制与教学实践两个层面上双向并举，开创并实现教育教学和人才培养的"县中"新模式，为进一步实现茶乡教育高质量可持续发展贡献着教育者的聪明与才智、责任心与使命感。"勤实严毅"课程体系，不仅贯穿着学校校训的精神内核，体现了学校办学的特色定位，更为学校课程实施与评价提供了明确的目标方向与高效的发展举措，成为学校拓展提升育人路径的重要抓手。

第一节　深化课程体系　促进内涵发展

随着教育体制改革的持续深化，传统的教育观念、教学内容与教育方式已经不能满足现阶段教育发展的实际要求，作为国家课程体系的重要补充，校本课程体系的建设是实施课程改革、实现立德树人目标的重要环节，是学校办学特色的主要载体，是学校文化内涵中最为丰富的组成部分。

学校基于百年发展历史与办学定位，确立了"勤·实·严·毅"的校训，以此倡导并树立了"勤奋笃实·严谨刚毅"的校风和"博学笃行·爱拼敢赢"的学风，也为学校校本课程体系的建构提供了目标与思路，"勤实严毅"课程体系由此应运而生。

安溪一中"勤实严毅"课程体系

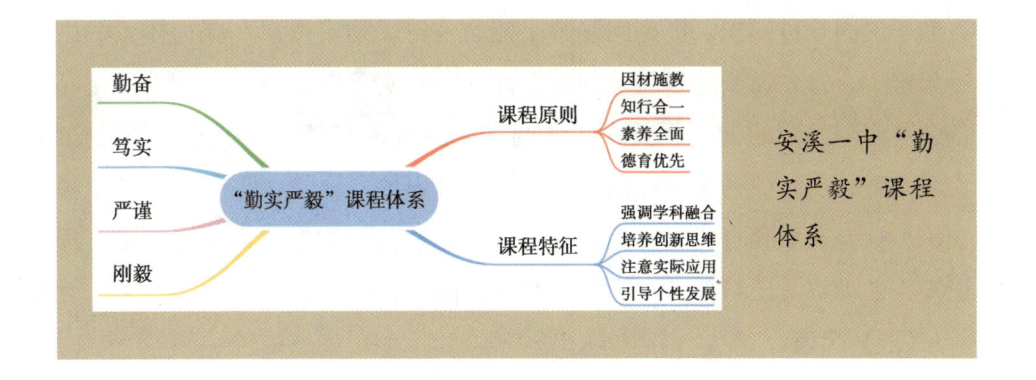

一、"勤实严毅"课程体系的内涵

"勤实严毅"课程体系的内涵与构成，是学校积极探索育人路径的动力机制与有效抓手，推动并促进学生核心素养与综合素质的全面提升。"勤"课程模块强调学生勤奋的学习态度，培养学生对知识的热爱和追求卓越的品质；"实"课程模块注重实际操作和实践能力的培养，使学生具备解决实际问题的能力；"严"课程模块强调对学科知识的深度理解和严谨思维，培养学生的创新能力；"毅"课程模块强调学生的坚韧性格和面对困难时的毅力，培养学生具备崇高品质和坚定信念。

（一）勤奋

勤奋是成功的基石，对学生的学术成就和个人发展都至关重要。勤奋的学生更有可能保持对学习的兴趣，更容易应对学业中的挑战。在"勤实严毅"课程体系的内涵界定中，首先强调的就是勤奋的重要性——勤奋可以培养学生对知识的热爱和追求卓越的品质；其次强调的是勤奋的可塑性——勤奋可以通过设立明确的学习目标、提供激励机制和培养自主学习的氛围来实现。例如，学校系统建构的优生培养新模式、创新人才培养体系，设置的奖学金奖励制度、学科竞赛奖励制度都有效激发了学生的学习动力，并由此"以点带面"拓宽并提高了全体学生的学习积极性。

（二）笃实

笃实注重学生在学习中的实际操作和应用能力。这一元素的重要性在于能够使学生不仅学到理论知识，还能够将其应用于实际情境。实际操作有助于巩固学科知识，提高问题解决能力。在"勤实严毅"课程体系的内涵界定中，首先强调的是笃实的必要性——笃实可以让学生知行合一，具备解决实际问题的能力；其次，强调笃实的实现路径——通过学科实验、实习实践、创新项目等课程内容与实践环节设置，让学生深度参与到学科知识、社会环境和自我提升相关的项目、活动与情境中，不仅增强了对理论知识的理解，还培养了实际解决问题的能力。

(三) 严谨

严谨强调对学科知识的深度理解和严谨细致的思维方式。培养学生的严谨思维对于其创新能力的培育至关重要。在"勤实严毅"课程体系的内涵界定中，首先强调的是严谨的影响力——严谨可以驱动学生自觉自主加深加宽对学科知识的理解和思考，为学生的科研与创新能力奠定基础；其次，强调严谨的培育途径——通过提高学科难度、扩宽学习的路径，引导学生应用科学研究、实证调查的方式，让学生在面对复杂问题时，通过严密的思考和分析，能够更好地探索、分析、理解问题的本质，逐步具备科学思维与创新能力。

(四) 刚毅

刚毅强调学生在面对困难和挫折时的坚持不懈。培养学生的毅力有助于其在未来职业和生活中更好地适应变化。在"勤实严毅"课程体系的内涵界定中，首先强调的是刚毅的塑造力——刚毅可以塑造学生的坚韧性格、具有面对困难时的毅力，为学生崇高品质和坚定信念的养成植入根基；其次，强调刚毅的培育路径——通过设立有针对性的挑战性学习目标、通过精心组织安排的集体合作项目，可以让学生在挑战中培养坚韧不拔的信念，在合作中培养团队协作精神，为未来的职业生涯做好准备。

紧密联结、有机融合、相辅相成，"勤实严毅"课程体系的内涵各元素合力构建了一个全面培养学生的教育理念框架体系。通过勤奋学习、应用操作，以及严谨思维和坚韧品质的培养，学生将具备更高的综合发展素养和更强的能力。

二、"勤实严毅"课程体系的原则

"勤实严毅"课程体系在内涵界定基础上,通过一系列的原则制定,以确保其确实能够有效地促进学生德智体美劳全面发展以及推动学校办学定位的具体落实。首先,坚持因材施教的原则,根据学生的兴趣、特长和发展需求,开设具有学校特色并符合学生实际情况的课程,制定个性化的学习计划。其次,注重理论与实践相结合的原则,通过将理论知识与实际操作相结合,使学生更好地掌握所学知识。第三,贯彻全面素养培养的原则,强调学生在品德、知识、能力、身心等方面的全面发展。第四,坚持德育为先的原则,通过"勤实严毅"课程体系的实施,培养学生正确的人生观和价值观。

三、"勤实严毅"课程体系的特征

"勤实严毅"课程体系在建设开展中,通过对内涵与原则的落地与执行,逐步形成了鲜明的特征。第一是注重实际应用。课程内容紧密结合实际,通过实际操作和项目实践,使学生在学习中能够获得更为深刻的理解。第二是强调跨学科融合。不拘泥于学科的界限,通过跨学科的整合,促使学生形成更为全面的认知结构。第三是注重个性发展。体系建设充分考虑学生的差异性,为每个学生提供个性化的发展空间。第四是培养创新思维。通过"勤实严毅"课程体系的培养,学生将更具有创新意识和创造力,为未来的发展奠定坚实基础。

四、"勤实严毅"课程体系的内容

"勤实严毅"课程体系的内容涵盖多个层面,包括政治思想教育,包括学科知识的传授与拓展、实际操作技能的培养、严密思维的引导和品格素养的塑造,也包括体育锻炼、心理教育、劳动思想的培养与劳动技能的养成以及审美方面的培育。通过"勤实严毅"课程的创设与开展,切实推动"五育并举",合力把学生培养成具有创新思维、人文素养、劳动观念、职业精神，拥有强健体魄和良好心理素质的全面发展的未来人才。

学校现有校本课程教材目录

安溪一中校本课程教材目录（已印刷）			
课程编号	课程类别		校本课程名称	主编
1	基础课程	"勤"课程	生活中的化学	许华丽
2	基础课程	"勤"课程	生活中的物理	许柑桔
3	基础课程	"勤"课程	国宝里的中国	林　英
4	基础课程	"勤"课程	旅游地理	刘朝旭
5	特色课程	"勤"课程	《论语》中英双语赏析	刘艺玲
6	特色课程	"勤"课程	《史记》选读	王流笔
7	特色课程	"勤"课程	孟子的世界	陈巧华
8	特色课程	"勤"课程	古代闽南文人名篇选读	黄世贤
9	基础课程	"实"课程	观音铁韵	谢金发
10	基础课程	"实"课程	安溪藤铁	林华英
11	特色课程	"实"课程	文庙渊源，儒学底蕴	黄耀卿
12	特色课程	"实"课程	大清名相李光地	颜古城
13	特色课程	"实"课程	安溪乡土文化	黄建铭
14	特色课程	"实"课程	安溪华侨史	李建明
15	特色课程	"实"课程	福建高甲戏艺术教育	叶　红
16	特色课程	"实"课程	英语漫谈安溪茶文化	谢夏月
17	特色课程	"实"课程	凤山谜园	吴安婷
18	特色课程	"实"课程	清水圣地，祖师信仰	许淑琦
19	基础课程	"严"课程	强基计划数学教程	吴鸿儒
20	基础课程	"严"课程	生物技术实践	李世福
21	基础课程	"严"课程	身边的中医药学	柯桂芬
22	学术课程	"严"课程	物理奥赛辅导	李艺龙
23	学术课程	"严"课程	高中数学竞赛初等数论	陈荣海
24	学术课程	"严"课程	动物生物学实验	林进旺
25	学术课程	"严"课程	信息学奥赛经典算法	林宇超

续表

课程编号	课程类别	课程类别	校本课程名称	主编
26	学术课程	"严"课程	高中化学奥林匹克竞赛初级衔接教程	陈海芳
27	基础课程	"毅"课程	科学预防传染病	刘莹
28	基础课程	"毅"课程	青少年性健康教育	杨梅琴
29	拓展课程	"毅"课程	攀岩	林玉兰
30	拓展课程	"毅"课程	陆上赛艇	王秋坤
31	拓展课程	"毅"课程	校园足球	洪群
32	拓展课程	"毅"课程	中学生职业生涯规划	章国祥

第二节 探索课程生态 助培核心素养

针对"为谁培养人？培养什么样的人？如何培养人？"的教育之问，安溪一中立足于立德树人根本任务，围绕"以人为本·守正创新·面向全体·关注个性"的办学理念，凸显"多元第一，品质引领"的办学特色，实施多样化课程体系、自主化选课模式、个性化学习方式、发展性评价机制，构建了"基础—拓展—学术—特色"和"勤实严毅"课程群相结合的四级四翼立体课程体系，以落实国家课程标准和示范性高中建设要求的学科核心素养和学业质量标准，满足学生成长需求，践行学校"成就最好的

自己"的育人目标。

一、"勤"课程：明学课程，学业奠基

"勤"课程的总体目标是汇百科知识，提供生命养分，搭建成长平台。通过"勤"课程的构建与落实，全面落实国家课程和地方课程内容，培养学生的重要知识、关键能力和基本素养。这不仅有助于提高学生的综合素质，也为他们的未来发展奠定了坚实的基础。

（一）课程目标

学科课程	内容	旨在明确学科目标和知识要点，使学生在学习过程中明确方向。通过对国家课程和地方课程内容的明确化，"勤"课程强调学科的重要知识、关键能力和基本素养的培养。学生在学习过程中能清晰了解每个学科的核心知识，建立坚实的学科基础，具备学科发展的能力
层级设计	层级Ⅰ 知识体系	注重知识的系统性和结构性，通过科学的学科知识组织和整合，使学生更好地理解学科内在的逻辑关系。让课程设计有助于培养学生的学科思维方式和思维能力，使学生在学科学习中更加得心应手
	层级Ⅱ 学科融合	强调跨学科的整合，使学生能更好地理解和应用知识。通过跨学科的教学，培养学生综合能力，使他们更好地适应未来社会发展的需求。通过课程设计打破学科之间的壁垒，促进学科之间的交叉融合，为学生提供更广阔的学科视野
	层级Ⅲ 学习习惯	强调学生学习的主动性和积极性。注重学科知识的系统构建与深入学习，通过对接实际、案例教学和问题导向的教学方法，激发学生对知识的兴趣，提高学生的学科素养和学习内驱力。通过融入课程中的学习思维涵化和学习方法引导，培养学生勤奋学习的态度和习惯

（二）课程设计

在课程内容上注重学科知识体系的搭建和学习习惯的培育，通过科学的课程体系系统构建与执行到位、确实有效达成基础知识的打牢和拓展，使学生具备对学科知识广泛的涉猎面与深度的理解力。

学校还以学科知识为体系，建构了与高校 13 个学科大体对应的面向专业大类的学校课程方案。

面向专业大类的课程体系

二、"实"课程：明才课程；个性发展

"实"课程强调学习实践、凸显学习体验、追求学习生成、落实学习效果。通过社会实践课程和创新课程的设置，培养学生实践实验、创新创造能力。通过系列实践性教学活动的策划、设计与开展，让学生不仅能掌握课本知识，还能在实践中学以致用，提升实际动手能力，提升分析问题和解决问题的能力。

（一）课程目标

1. 社会课程目标

社会课程	内容	旨在引导学生接触和了解自身所生活的环境，既包括校园环境，也包括社会环境，既有人文环境，也有自然环境。通过让学生接触和了解自身生活的环境，使学生具备相应的社会知识，自觉参与社会体验和服务，能够处理人与自然和社会之间的关系，并逐渐形成正确的社会价值观
层级设计	层级Ⅰ 家校情怀	引导学生了解学校、家乡的文化与历史发展，能够继承学校的优良传统、发扬学校的精神品质，培养新入学学生的凝聚力，成为胸怀大志、脚踏实地的一中人，促进学校的可持续发展
	层级Ⅱ 社会初探	社会初探分为对自然社会初探和对人文社会初探。自然社会初探主要培养学生对当地自然环境的了解和热爱，探究应对当地自然环境问题的解决措施，形成节约资源、环境保护、与自然和谐共处等意识。人文社会初探主要培养学生对当地人文环境的了解和尊重，掌握当地风土人情、民俗文化等知识，加强对民族地区的了解与认同

续表

	层级Ⅲ 社会体验	引导学生形成社会视角：即关注社会问题、具备思考社会性问题的能力，形成良好的公民素养；能处理好自我与社会的关系，增强社会责任感，推动社会发展进步，发展成为有理想、信念，敢于担当的人

2. 创新课程目标

创新课程	内容	旨在引导学生进一步学习自己感兴趣、擅长的科学知识，完善自己的学科知识储备，并在学习和运用科学知识的过程中形成实践能力、创新意识和创新行为等科学精神
层级设计	层级Ⅰ 学科拓展	引导学生形成和完善相应学科的知识结构和知识储备，培养学生严谨的态度和清晰的逻辑，能够运用科学的思维方式思考并解决问题，依据已有知识提出新问题、新观点，并进行科学论证，得出结论
	层级Ⅱ 技术应用	能够理解技术与人类文明的有机联系，具有学习掌握技术的兴趣和意愿；具有工程思维，能主动对已有物品进行改进与优化等；形成信息技术理念、具备较好的信息素养并掌握一定的信息技术
	层级Ⅲ 实践竞技	运用已有的知识储备和技术掌握，能够在实践中生发创新思维，并将想法转化为实践，对物质进行改造升级或者创新；乐于参与创新竞赛，不断挑战自己，培育科学精神

（二）课程设计

围绕"实"课程强调培养学生实践实验、创新创造能力的理念，在课程设计上以综合实践类课程为主导：以学生的经验、社会需求、问题解决为核心，以主题的形式对课程资源进行整合，通过项目式学习、研究性学习、研学旅行等课程，有效培养和发展学生解决问题的能力、探究精神和综合实践能力。课程形式上打破教材、课堂和学校的局限，在活动时空上向自然环境、学生的生活领域和社会活动领域延伸，密切学生与自然、与社会、与生活的联系。在课程内容上，将考察探究、社会服务、设计制作、职业体验等融入综合实践课程中，通过各种真实情境的体验式活动来提升学生的自我意识、成就动机、创新思维、人际拓展等多项关键能力，激发学生生涯发展的主体自觉性。

（三）课程案例

铁观音与藤铁工艺课程是学校"实"课程的特色组成部分，通过编写教材、开设选修课程、开展研学活动以及与企业合作建设活动基地等方式，全面推动学生对传统工艺文化的深入了解与实践，成为社会实践课程的特色与典范。

1. 编写教材，开设选修课程

学校立足本县实际，延请了县铁观音制作及藤铁工艺方面的资深专家进行指导，由本校谢金发和林华英老师编写了两门课程配套的具有地方特色的校本教材。《观音铁韵》涵盖铁观音茶的历史、制作过程、文化内涵等方面的内容。《安溪藤铁》系统阐述了安溪藤铁工艺的缘起、发展、技艺要点等。两位教师在高一、高二年级开设选修课程，学生可以根据兴趣进行选择，深入学习相关知识。

2. 利用本地资源，开展"双铁"研学活动

学校积极组织配套研学活动，让学生在实地接触中全方位感受铁观音与藤铁文化。例如，学校组织了"研儒学传统，扬双铁文化"研学旅行活动，让学生走进华侨职校，深入了解铁艺传统工艺，并现场观摩、学习藤编技术。另外，学校还组织了"品观音铁韵，溯茶源之旅"和"初心远行不负少年芳华"等研学活动，让学生在活动中感悟铁观音文化，了解家乡特色文化，激发了爱家乡、爱劳动的情感。

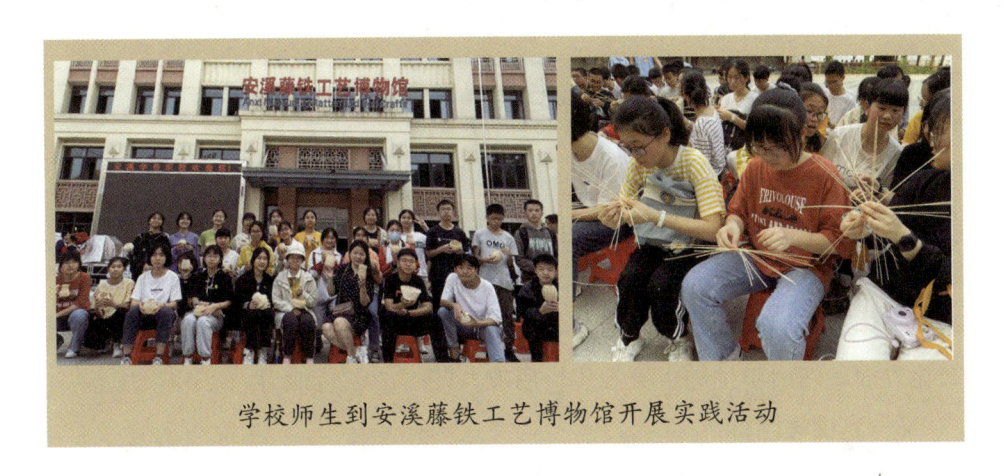

学校师生到安溪藤铁工艺博物馆开展实践活动

3. 与企业合作，建设活动基地

学校与地方企业密切合作，共同建设"卿创馆"作为"双铁"劳动实

践基地。这一基地不仅是学生学以致用的场所，更是传承安溪"双铁"工匠精神的载体。在揭馆仪式上，企业代表、专业工匠，共同见证了这一共建项目的启动。在这个基地里，学生可以深入感受工匠精神，沉浸式参与铁艺制作和藤铁工艺的实践。

学校"双铁"产业教学基地

学校与企业联合搭建起课堂与产业深度融合的立体化实践平台，不仅在课堂中传授知识，更通过实践活动，让学生深入体验与探索"双铁"的传统文化与工艺。这样的综合实践，不仅强化了学生对产业的实境体验，提高了学生的实际动手能力，也培养了他们对传统文化的尊重和热爱，为学生成为知行合一的复合型人才奠定了坚实基础。

三、"严"课程：明养课程，素养提升

"严"课程的设立目标在于通过科学、艺术、文化、运动课程的开设与整合，让学生文理兼修、博学深思、立足现状、着眼未来。在科学思想建设上，引导科学严谨的思维方式，培养学生分析问题和解决问题的能力；在体育与健康建设上，培养学生强健的体魄、健康的心理；在艺术和文化方面，陶冶学生的审美观念，启发其艺术的创造能力。

（一）课程目标

艺体课程目标

艺体课程	内容	通过形式多样的课程与活动，为学生呈现科学、音乐、美术、体育等课程的魅力，激发学生对于以上各领域的兴趣。在此基础上，学生能在教师指导下保持兴趣，并将兴趣逐步发展为特长。培养学生持之以恒的行动力，脚踏实地、自主发展的潜力，形成独立乐观的个性
层级设计	层级Ⅰ 培养兴趣	教师为学生展示科学、音乐、美术、体育等课程的魅力，激发学生对科学之美、艺术之美的感受力，激发学生对科学课程、艺体课程的兴趣和热情，使学生在感受科学与艺术魅力的基础上，选择并逐步确定自己的兴趣爱好
	层级Ⅱ 发展才艺	学生对兴趣进行针对性的练习，教师辅以指导，使兴趣发展为学生的特长。培养学生脚踏实地，持之以恒的精神，使学生能够坚持自己的兴趣爱好，挖掘个人潜质，提高自身修养，主动发展个人的特长，实现自身发展与社会需要的和谐统一
	层级Ⅲ 塑造个性	学生在培养兴趣，发展才艺的过程中，更深层次地体会科学、艺术、体育课程的魅力，感受科学素养课程、艺体课程带给自己的改变。培养学生乐观向上的心态，自主发展的潜力，形成鲜明的个性，具备独立的精神与能力，充分发挥个人潜力

（二）课程案例

在科学课程体系建设过程中，为培养学生的创新能力和学科竞赛水平，学校着重开展了五大学科奥赛培训。通过编制奥赛校本课程、选拔奥赛苗子以及积极开展学习培训等措施，取得了科学学习上的成效。

1. 编制奥赛校本课程

学校认识到奥赛对学生学科素养的提升至关重要，因此专门编制了一系列的奥赛校本课程，包括《高中数学竞赛初等数论》《物理奥赛辅导》《高中化学奥林匹克竞赛初级衔接教程》《生物高中奥赛校本教程》《信息学奥赛经典算法》等。这些课程旨在为学生提供系统深入的奥赛知识和技能培训，以便更好地备战各类学科竞赛。

2. 选拔奥赛苗子，利用课余时间积极开展学习培训

为挖掘学生的潜力，学校定期开展奥赛选拔活动，通过公平科学的选拔机制发现一批优秀的奥赛苗子。这些学生在课余时间得到特殊培训，专门针对奥赛的难点和重点进行深入讲解。学校鼓励这些学生积极参加各类

奥赛活动，锻炼实力，培养竞赛心态。

3. 奥赛取得丰硕成果

通过扎实开展五大学科奥赛培训，学校成功激发了学生对学科竞赛的兴趣和热情。通过不懈努力，学校在各个学科奥赛中都取得了丰硕的成果。这些成果不仅提升了学校的学科声誉，也为学生的升学和未来的科研道路奠定了坚实基础。

2019—2023年度学校五大学科竞赛获奖统计表（单位：枚）

年度	国家金牌	国家银牌	国家铜牌	省一等奖	省二等奖	省三等奖
2019				7	19	12
2020	1	1		17	15	10
2021		3	1	7	1	4
2022				1	5	6
2023		1	1	7	1	
总计	1	5	2	39	41	32

2021年学校学科奥赛颁奖仪式

四、"毅"课程：明本课程，人格培养

"毅"课程的总体目标是立德树人、健全人格、高雅情操、濡养品格。通过"毅"课程的建构与落实，能够更好地培养学生高尚情怀、坚强意志、健全品格，鼓励学生唯真唯实、向善向美，在当下与未来发展中都具有持续向前的动力、心力与能力。

（一）课程目标

1. 人文课程目标

人文课程	内容	旨在让学生具备全面发展的文化底蕴。打好文化基础，强调能习得人文、科学等各领域的知识和技能，掌握和运用人类优秀智慧成果；涵养内在精神，追求真善美的统一，发展成为有宽厚文化基础、有更高精神追求的人
层级设计	层级Ⅰ 种学积文	教师为学生呈现一定的文学、历史、哲学、科学等人文社科类知识，使学生在积累大量知识的基础上，掌握一定的文化实践技能，形成宽厚的文化基础
	层级Ⅱ 怡情理性	教师引导学生运用已有的文化知识，已经形成的文化积淀，进一步内化，使学生不断丰富自我的精神境界，陶冶性情，获得内在涵养的提升
	层级Ⅲ 人文情怀	学生在提升个体精神与性情的过程中，以人为本，尊重、维护人的尊严和价值，关切个体生命，珍视人类优秀智慧成果；培养学生形成对人的普遍关怀的情感，传承与弘扬中华民族优秀文明成果，最终成为有文化、有理想、有内涵的全面发展的人

2. 生涯课程目标

生涯课程	内容	以校内资源为平台，以校外资源为依托，提供给学生形式多样的生涯认知课程和生涯体验活动。通过生涯认知必修课程，提升学生认识自我的个性特质，发展自我潜力，澄清自我价值观，发现成长环境资源，自主规划生涯发展。通过生涯发展测评平台，帮助学生从兴趣评估、多元智能评估、性格评估和学习生活适应性评估等多角度全面认知自我，科学选科决策，逐步聚焦适合自己的大学专业及未来职业
层级设计	层级Ⅰ 认知自我	教师通过多种方法与形式，使学生认识自身的身心特点，正确认识自我，从而发现自我价值，发掘自我潜力，管理好个人生活与学习
	层级Ⅱ 培育品格	教师通过思想教育、团队协作、体验实践、谈话等多种方式，帮助学生在正确认识自我的基础上，培养学生形成乐观自信的品格，面对挫折具有坚韧不拔的精神，学会自我调节心理状态，形成积极乐观心理品质
	层级Ⅲ 生涯规划	教师根据学习者的个性、人格、兴趣和能力的差异，灵活地选择教育方式。引导学生根据个人兴趣和发展潜能合理选择未来发展方向，根据生涯理论，合理分配时间和精力，做好未来生涯规划

（二）课程案例

学校深刻理解人文课程的独特意义，将其视为一门行走的、潜移默化的生动课程。通过主题活动的引领、参与，以及社团活动的耕耘，学校在厚植人文传统的主题活动中培养了学生的人文关怀、社会责任感和爱国情怀，这也成为塑造新时代好青年的有力举措。

1. 人文之旅，深入先贤足迹

学校定期组织师生前往安溪廖长官纪念馆和开先县令詹敦仁纪念馆，开展"立家规、传家训、树家风"主题教育活动。通过观影、讲解、体验，学生深刻理解了先贤们的家规家训，感受到中华传统美德的力量。这不仅培养了学生对家国情怀的感悟，更加深了对传统文化的认知。

"传承家风家训、弘扬传统美德"主题活动

2. 缅怀烈士，传承烈士精神

清明节期间，学校组织师生参加安溪县烈士纪念日公祭活动，让学生们在深刻领悟烈士伟大牺牲精神的同时，激发爱国意识和社会责任感。祭扫、缅怀、体悟……庄重的仪式与郑重的环节传递的是厚重的人文关怀，传承的是伟大的烈士精神，引领的是高尚的家国情怀。

清明祭英烈主题团、队日活动

3. 党课团课学习，培养爱国主义情怀

学校以党建引领和团建促党建的精神为引领，在学生中通过有针对性的党课、团课的开展与学习，有效落实爱国主义教育活动。"中国梦""家国情""新青年""高志向"等主题思想与理念的引导与孕育，进一步培养了学生的爱国情怀与责任担当，使他们成为具有坚定信仰和高尚情操的新一代。

"爱心共圆中国梦"主题教育活动

4. 志愿服务，温暖他人心灵

"诚信友善"的核心价值观、"助人自助"的志愿者精神，引领着学校

志愿者活动的积极开展。每年的新生入学季，学校积极组织迎新接待志愿服务活动，让志愿者们通过无私奉献和辛勤工作，在帮助新生适应新环境的同时，获得了助人的成就感和成长的价值感，提升了学生吃苦耐劳的品格以及团队协作精神。

迎新接待志愿服务活动

第三节　深培教育沃土　优育人才尖兵

"致天下之治者在人才，成天下之才者在教化。"习近平总书记在党的二十大报告中强调，要"全面提高人才自主培养质量，着力造就拔尖创新人才"。新时代新征程，培养拔尖创新人才是全面建成社会主义现代化强国的客观需要，也是教育的时代使命。学校作为省级示范性高中，主动担当、积极作为，在"多元第一·品质引领"办学特色的引领下，以追求卓越、实事求是为行动指南，积极为造就拔尖创新人才贡献力量，探索出拔尖创新人才培养的"县中"新模式。

一、底蕴：拔尖创新人才培养的文化沃土

在创新成为全球竞争焦点的时代，拔尖创新人才培养的重要性愈发凸

显。究竟该如何营造出滋养人才的一片沃土呢？学校在育人实践中持续探寻这一命题的答案。

（一）多样性

多样性是创新的源泉，能激发各种独特的观点和思维方式。在这样的环境中，学生能够接触到不同的文化、思想，从而拓宽视野，激发创新思维。而包容性则是多样性的有力支撑，它允许各种声音存在，鼓励学生勇于表达自我，不怕犯错。

（二）批判性

在传统的教育模式下，学生往往习惯于接受知识，而批判性思维则要求学生具备独立思考的能力。学校鼓励学生挑战权威，对既有观念持怀疑态度，敢于挑战既定的规则和框架。只有经过深入的思考和探究，才能培养出真正具有创新精神的人才。

（三）协作力

当今社会，跨学科、跨领域的合作已经成为常态。通过团队协作，学生能够学会倾听、沟通与共享，懂得如何将各自的优势结合起来，共同攻克难题。这种能力不仅有助于他们在未来的职业生涯中更好地融入团队，更是创新过程中不可或缺的一环。

（四）实践性

理论知识固然重要，但真正的创新往往来源于实践。学校积极为学生提供更多的实践机会，让他们在动手操作中锻炼解决问题的能力。通过参与科研项目、创新创业大赛等活动，学生能够将所学知识应用于实际情境中，激发出创新的火花。

二、规划：拔尖创新人才培养的整体设计

拔尖创新人才培养是一个系统工程，需要从多个方面进行全面而细致的整体设计。学校通过明确目标定位、构建完整课程体系、突出核心培育环节等措施，致力培养具有创新精神、实践能力和国际视野的杰出人才，为国家的繁荣与发展作出积极的贡献。

（一）拔尖创新人才培养的整体设计

根据学生个性、思维特点以及国家未来发展的需要，学校积极探索出理论研究、科技创新、社会人文、国防军事多元统一的人才培养模式。

1. 理论研究型人才

指主要从事各大学科基础理论研究的人才。在高中阶段，这类学生通常对数学、物理、化学、生物、计算机等学科的知识表现出浓厚的兴趣和一定的天赋。学校成立这五大学科的奥赛团队，对这类学生进行针对性的培养。每个学科都配备足够的教练，由资历深厚的教练任总教练，青年教师任教练员。

2. 科技创新型人才

指高水平的科技领军人才和工程师、优秀创新和创业人才。在高中阶段，部分学生表现出良好的创新思维能力和动手能力。学校为这一部分学生设立以科创实验室和无人机实验室为代表的创新实验室，并配备了专业过硬的专职指导教师。

3. 社会人文类人才

指在人文学科有一定造诣、在社会各类活动中有突出表现的人才。在高中阶段，这部分学生表现为对语言、文史哲、艺术等方面有浓厚的兴趣，或是在校内外各类活动中展现出良好的领导组织能力。学校为这类学生拓展学习资源，搭建展示和锻炼自我的平台，有意识地培养学生的责任担当、社会责任感以及合作与领导组织能力。

（二）拔尖创新人才培养的核心环节

课程是创新人才培养的重要渠道，也是培养创新人才的落脚点。创新人才的时代需求对学校课程设置提出了新挑战。学校在"多元第一，品质引领"理念的引领下，全力打造"卓实之课"，以创新能力培养为核心目标，着力在"通识·跨学科融合""贯通·跨学段培养""融通·利用社会资源"上综合发力，呈现课程内容的开放性、课程类型的多样性、课程选择的自主性、课程教学的研究性等优势。

1. 对接"五育"融合，搭建凸显校本特色的课程体系

培养创新人才要用通识课程为其打下牢固的知识基础，也要通过思维

训练和问题解决培育他们的创新意识与应用能力。为此，学校根据学生个性、思维特点以及国家未来发展的需要，积极探索"五育"融合的课程体系，满足理论研究、科技创新、社会人文、国防军事"四类卓越"人才的个性化需求。除教育部要求开设的统一课程之外，学校大力推动并形成了富有校本特色的课程体系：学科竞赛、科技创新、体育竞技、音美特长、综合实践、国防教育、生涯规划、社团活动等。

2. 倡导思维至上，落实强化学生思维训练的课堂理念

培养创新人才，需要聚焦学生的思维教育，提升学生的思维品质。学校以"考亭书院""明伦书院"任课教师为核心和引领，组织优秀教师长期开展学科思维教学的理论研究，形成了"自学存思""问题导思""情境拓思""对话启思""评价反思"于一体的思维教学模式，并进行大量的教学实践和推广。"自学存思"重预习，课前学生通过预习带着问题和思考去上课，即"存思"，做学习的主动者；"问题导思"重设计，即通过问题设计来引导、激发学生思维，解决"学"的问题；"情境拓思"重应用，通过设置情境来拓展思维的广度、提升思维的深度，训练学生解决实际问题的思维能力，解决"用"的问题；"对话启思"重合作，通过小组合作、课堂展讲这样的环节，以对话的形式展开碰撞、辨析、思考，培养学生的思维能力；"评价反思"重合作，则是对课堂的总结回顾，反思评价，完成对学生思维的内化、提炼、升华。

三、选拔：拔尖创新人才培养的先行基石

在新的历史时期，拔尖创新人才的培养显得尤为重要。拔尖人才不仅需要在各自的领域具备深厚的学术基础，更需具备前瞻的视野、创新的思维与实践的能力。而这一切，都离不开那些坚实的基石。

根据《安溪县实施中小学拔尖创新人才专项培养方案（试行）》（安教〔2024〕3号）文件，学校被确定为安溪县首批拔尖创新人才培养试点基地学校，负责安溪县拔尖创新人才的早期发现、早期培养和跟踪评估。学校结合实际，制订了《安溪一中拔尖人才遴选培养方案》并于2024年3

月首次实施。

（一）指导思想

深入贯彻党的二十大精神，落实立德树人根本任务，进一步深化课程结构和教育教学改革，加大拔尖创新人才培养力度，促进学生全面发展和特长发展，提升拔尖创新人才培育实效，助力茶乡人才资源建设和发展。

进一步发挥学校作为省首批示范性高中校的辐射引领作用，利用学校在学科奥赛、强基辅优等方面积累的资优生培养经验和影响力，打破学段壁垒和校际边界，进行具有前瞻性和灵活性的小、初、高一体化拔尖创新人才培养贯通规划，向对基础学科有浓厚学习兴趣与深厚学习潜力的学生提供系统性、有针对性的专项培养计划，为中小学生提供优质教育资源，激发他们的创新思维和实践能力，培养具备国际竞争力的拔尖创新人才。

（二）选拔对象

1. 现就读于安溪县全日制小学五年级、六年级的学生。
2. 现就读于安溪县全日制初中七年级、八年级的学生。
3. 身心健康、品格端正、成绩优秀，在数学、物理、化学、生物、计算机等学科有潜质、有特长，热爱思考、自主学习能力强的学生。

（三）遴选办法

1. 选拔环节

（1）第一轮初选

材料初审通过的学生参加综合性笔试。笔试内容分为两个模块：人文素养、科学综合素养。

（2）第二轮复选

第一轮初选通过的学生到安溪一中参加拔尖人才选拔营。选拔营将通过举行学科前沿科普报告、相关测试、专家面试等方式，系统性地考查学生的身心健康、学习态度、兴趣志向、创新意识等综合因素。

2. 综合评定

基于材料评审以及第一轮初选、第二轮复选的结果，进行综合评定并给出认定建议。认定将秉持宁缺毋滥的高标准。

(四) 培养方式

采用"县教育局统筹组织＋专业团队支持培养"的模式，着眼于中高考拔尖、高考强基及学科奥赛，充分利用本校骨干教师及外聘专家，采用线上学习与线下集中培训等方式，对入选的学生重点进行人文素养及科学素养的提高与拔尖。

学校被确定为安溪县首批拔尖创新人才培养基地校

四、培养：拔尖创新人才培养的核心环节

(一) 创新意识和创造能力的培养

拔尖的创新人才应具备独立思考、勇于探索的精神，以及不断推动自我超越的创造力。他们应有强烈的好奇心和求知欲，始终保持对世界的敏锐洞察力，积极探寻未知领域。学校积极创设一个宽松、开放、包容的学习环境，鼓励学生敢于尝试新思路、新方法、新技术，并为其提供充分的实践机会。同时，通过参与丰富多元的科研项目、学术交流等活动，学生能将所学知识与实际研究相结合，深入了解学科前沿动态，提升学术素养，提升自己的科研实践能力与创新能力，为未来的学术研究和创新工作积累宝贵经验。

上海交通大学张跃辉教授莅校开设讲座

复旦大学盛卫东教授、孙燕华校友莅校开展专题讲座

（二）学科知识扎实掌握和融会贯通的培养

在特定学科领域内的深入研究与扎实掌握，是创新灵感的重要来源。通过系统、全面的学科基础课程学习，学生将建立起坚实的学科基础理论体系，为未来的拔尖创新研究提供稳固支撑。同时，拔尖创新人才不仅需要深入了解某一学科领域，还需具备跨学科的视野和思维。学校通过设置跨学科课程，促进不同学科之间的学术交流与合作，培养学生的综合素质和创新能力，激发他们在交叉领域中的创新潜能。

（三）差异化与个性化的培养

每个学生的兴趣、特长和需求都是独特的，因此需要为他们量身定制个性化的培养方案。通过针对性的指导和支持，充分挖掘学生的潜力和创造力，助力他们发挥自身优势，实现个性化发展。这种个性化培养方案有助于激发学生的内在动力和创新精神，培养出更多具有鲜明个性和特色的拔尖创新人才。

由此，学校以"书院制"建设为重要抓手，制订《安溪一中书院制拔尖人才培养方案》完善优生管理机制。学校建立"明伦书院"和"考亭书院"，将基础扎实、素质优秀、志趣相投的学生纳入书院培养。同时，制订《尖子生动态管理实施方案》，对书院学生实行动态管理，确立进出机制，有效激发优生的竞争意识，促进优生保持拼搏上进的良好心态。

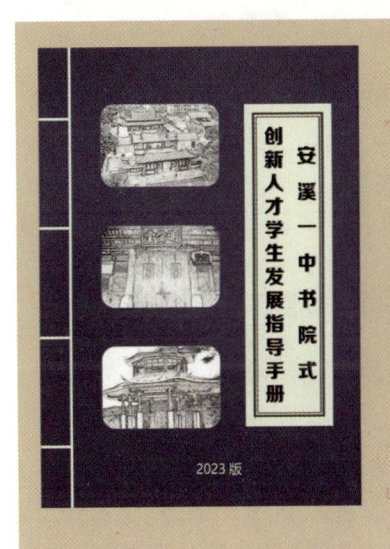

打造"特色班型＋特色课程"

基于学校顶层设计，学校着力在"科、工、文、艺"四大领域探索，建立明伦书院、考亭书院、创新实验班三大特色班型，创新课程设置，立足班级实际，打造班本化课程群，特色育人，促使学校多样化发展，最终促进每个学生全面而有个性的发展。

明伦书院，提供学科竞赛、实验创新、航天游学等科学与艺术教育课程群，提供创客、3D、航天科普、模拟飞行、智能控制等培养学生跨学科学习能力和实创素养。

考亭书院，提供经典阅读、吟诵、展演、文学创作、艺体等经典文学与艺术体素养化课程群，培养学生文学、文化与艺体素养。

创新实验班，整合国家课程，增设拓展课程。在国家课程的基础上，开设高水平项目研究课程、创新实践服务CPS课程、学科竞赛课程、社团活动课程等拓展类课程。让学生在教师的指导下，进行科学前沿课题的研究，培养学生出色的研究能力。开展与拓展课程相对应的各类活动，让学生张扬个性、展现自我，形成阳光自信、积极向上的品性。

学校拔尖人才培养方案（2023版）

五、成就：拔尖创新人才培养的累累硕果

经过师生持之以恒的共同努力，学校在拔尖创新人才培养方面取得了累累硕果，这些成果不仅彰显了学校的卓越教育水平，更彰显了学校对学生个性化发展的深度挖掘与全力支持。

（一）开设了多元化的课程

让学生能够充分发掘自己的兴趣和潜能。同时，通过举办各种素养竞赛、科研项目等活动，为学生提供了展示才华的平台，激发了学生的创新意识和探索精神。

（二）注重教师队伍的建设

通过引进高水平教师、加强教师培训和学术交流等方式，不断提升教师的教学水平和科研能力。这不仅为学生提供了更优质的教育资源，还推动了学校整体教育水平的提升。

（三）积极开展与高校、科研机构和企业的合作

为学生提供了丰富的实践和实习机会。通过与业界的紧密合作，学生能够及时了解行业动态和技术前沿，拓宽视野，提升综合素质和实践能力。

（四）建立完善的评价体系和激励机制

学校不仅通过开展学科竞赛、评选优秀学生等方式，激发学生的进取心和学习动力，还为学生提供个性化的指导和支持，帮助他们更好地发挥自己的潜力和优势。

李梓晨同学获生物奥赛金牌，入选国家集训队并签约清华大学

第六章

加强体育美育劳动教育　筑牢立德树人基石

好的教育，要让更多孩子在德智体美劳诸方面均衡而充分地发展。学校倡导"多元第一，品质引领"的多元评价机制，"五者形象"的凝练和提出，引领着学校对体美劳教育领域的重视与投入，致力于让更多的学生在多元的空间中提升自己的综合素质，在无限的可能中找到适合自己的那条路。

学校制订了以"热爱生命、坚持锻炼、健康生活、文化优雅、乐观向上"为宗旨的体美劳教育目标和方针，并采取一系列举措全力全面推进素质教育，为学生未来的融合性、多元化成长和发展奠定坚实的基础：一是制订明确的艺体教育目标和方针。确保每个年级的具体学习内容和目标与学校整体的艺体教育目标一致；以艺体促学，形成师生共建参与度高且独具地方特色的校园艺体活动生态圈。二是完善课程设置。根据学生需求和反馈，不断完善艺体课程设置，确保课程内容和教学方法的针对性和有效性。三是积极打造师资队伍。结合本组教师队伍现状和专业发展需求，打造一支专业化教师队伍。培养年轻主力，以赛促教，培养一批对县、市有一定影响力的青年教师。四是开发特色亮点课程。深耕本土传统艺术资源，开发诸如安溪茶歌、高甲戏、藤铁等具备地方特色的精品艺术课程；在攀岩、陆上赛艇、足球、篮球、羽毛球、乒乓球等选修课的基础上，开设学生多元发展所需体育课程。

第一节　以体健身　培养阳光少年

体育在促进学生身心健康方面发挥着重要作用。"强健体魄"是安溪一中对学子形象的第一诉求。科学有效的体育锻炼，可以增强学生的身体素质，培养团队合作精神和竞争意识；还能够帮助学生培养自信心、耐心和毅力等品质，为未来的发展奠定坚实的基础。

一、特色项目引领，加强体育建设

根据《福建省义务教育"体育与健康"教学指导意见》的精神，学校一直把健康教育作为素质教育的重要内容，引导树立"健康第一"的观念，积极开展校园特色体育项目，让学生在丰富多彩的体育活动中，享受运动乐趣，提升综合素质，促进身心健康发展。

（一）陆上赛艇和攀岩

陆上赛艇和攀岩是学校建设示范性高中的特色体育项目。陆上赛艇主要培养学生强健体魄与团队合作精神，攀岩培养学生坚毅勇敢与积极向上品性，两个项目都有力彰显了"勤奋笃实·严谨刚毅""博学笃行·爱拼敢赢"的校风与学风。近年来，学校以这两个特色项目为引领，带动并推动着体育工作做出特色亮点并取得显著成效。2020年福建省示范性普通高中建设学校攀岩展示活动于12月4～6日在龙海一中攀岩基地举行，学校荣获团体总分一等奖。2021年福建省示范性高中建设学校陆上赛艇和攀岩展示活动分别于12月18～19日、12月3～5日在学校陆上赛艇基地和南安一中攀岩基地举行，学校代表队均获得团体总分第一名。2022年福建省示范高中建设学校陆上赛艇和攀岩展示活动于12月16～18日分别在南安一中和德化一中举行，学校代表队再次双双荣获一等奖。

在福建省示范高中建设学校陆上赛艇和攀岩展示活动中获得一等奖

学校通过开设选修课程、运动会展示、课后服务、队员集训等方式，在校园内普及攀岩与陆上赛艇，让更多的学生了解并掌握基本的攀岩、陆上赛艇技术，培养学生不怕困难、坚毅、勇敢的意志及团队协作精神。通过课程的学习和磨炼，有许多学生喜欢上这两项运动，其中也涌现出了不少优秀运动员，代表学校征战并获得了优异的成绩。其中，刘闵琦同学在2021年福建省示范性普通高中建设学校攀岩展示活动中获得了难度、速度攀岩双项冠军，在2022年示范高中建设学校陆上赛艇展示活动中获得了500米竞速冠军、1000米竞速亚军。黄颖杰同学蝉联了2021年、2022年示范高中建设学校陆上赛艇展示活动500米和1000米两个项目的竞速冠军。

学校师生在进行陆上赛艇和攀岩专项训练

（二）足球

　　安溪一中是全国首批校园足球特色学校，省级校园足球示范校。学校足球队14次获得市中学生运动会足球锦标赛冠军或一等奖，17次代表泉州市参加省赛、国赛，两次代表福建省参加全国中学生"卓尔杯"足球挑战赛；徐晗斯、王福强等11名队员获得足球项目国家二级运动员称号。校足球队现有国家二级运动员2人，国家D级教练员1人。足球队在2022年福建省青少年校园足球联赛（男子甲组U16—U19）中获得二等奖。对于足球的热爱，不仅仅是学生，更有学校教师的积极投入。自2015年县教育局组织了五届教师节教职工足球联赛以来，学校教师足球队获得三次冠军，两次二等奖的佳绩，2019年安溪县第五届"帝克杯"教师足球联赛获得了一等奖。

学校师生在足球联赛中获得好成绩

（三）田径

安溪一中是福建省田径传统特色校，学校一直以来都非常重视校田径队的建设。田径队教练每年会从新入学的初一和高一年级中选拔出一批热爱田径且有吃苦精神的学生，然后给每位学生"私人订制"一套训练方法，帮助他们挖掘自身的潜能。教练团队分工合作，根据自己擅长的项目，每周一至周五傍晚，对运动员进行集中训练。校田径队每年都代表学校参加省、市、县各级赛事，并取得佳绩。

2021 年田径赛事获奖情况（部分）

姓名	赛事	成绩	级别
詹毅琳	2021年"聚龙教育"杯福建省青少年田径冠军赛暨中学生联赛（高中男子组110米栏）	第一名，并打破福建省中学生纪录 达国家一级运动员标准	省级
刘闵琦	2021年福建省青少年田径锦标赛（15—16岁组100米）	第一名	省级
刘闵琦	2021年"聚龙教育"杯福建省青少年田径冠军赛暨中学生联赛（高中女子组100米）	第二名 达国家二级运动员标准	省级
刘宇亮	2021年"聚龙教育"杯福建省青少年田径冠军赛暨中学生联赛（高中男子组400米）	第八名 达国家二级运动员标准	省级
詹毅琳 徐晗斯 刘宇亮 陈子龙	2021年"聚龙教育"杯福建省青少年田径冠军赛暨中学生联赛（高中男子组4×100米接力）	第二名	省级

2022 年田径赛事获奖情况（部分）

姓名	赛事	成绩	级别
王星宇	2022年福建省运会田径预选赛（男子乙组200米、110米栏、400米栏）	均第一名	省级
王星宇	福建省第十七届运动会田径比赛（男子乙组110米栏）	第四名	省级
刘闵琦	福建省第十七届运动会田径比赛（女子甲组100米、200米）	均第四名	省级
刘闵琦	2022年福建省运会田径预选赛（女子甲组200米）	第一名	省级
林桂燕	福建省第十七届运动会田径比赛（女子乙组4×100米接力）	第二名	省级
吴燕婷	2022年福建省运会田径预选赛（女子乙组3000米）	第二名	省级

2023 年田径赛事获奖情况（部分）

姓名	赛事	成绩	级别
王星宇	2023 年福建省青少年田径锦标赛（男子甲组 110 米栏决赛）	第一名 达国家二级运动员标准	省级
王星宇	2023 年福建省青少年田径冠军赛暨中学生联赛（高中男子组 400 米栏决赛）	第一名	省级
刘闵琦	2023 年福建省青少年田径冠军赛暨中学生联赛（高中女子组 100 米）	第一名	省级
汪礼红	2023 年福建省青少年田径冠军赛暨中学生联赛（高中女子组 100 米栏）	第八名	省级
汪佳坤	2023 年泉州市中小学生田径联赛（高中男子组 110 米栏）	第二名	市级
林桂燕	2023 年泉州市中小学生田径联赛（高中女子组 100 米）	第六名	市级
王倩倩	2023 年泉州市中小学生田径联赛（高中女子组 400 米）	第四名	市级
林语嫣	2023 年泉州市中小学生田径联赛（高中女子组跳远）	第六名	市级
陈泓毅 蔡宇泽 陈贞烨 王星宇	2023 年福建省青少年田径冠军赛暨中学生联赛（高中男子组 4×100 米接力决赛）	第五名	省级
陈珍妮 王倩倩 林语嫣 林桂燕	2023 年泉州市中小学生田径联赛（高中女子组 4×100 米接力）	第六名	市级

二、强身以筑基，健体以兴国

习近平总书记指出，"体育承载着国家强盛、民族振兴的梦想。体育强则中国强，国运兴则体育兴"。强身以筑基，健体以兴国，体育不仅可以强壮身体、提振精神，更可以增强文化自信。培养德智体美劳全面发展的社会主义建设者和接班人，要充分发挥体育在促进学生全面发展中的重要作用。

学校开足、上好每一节体育课，并开展常态化的体育活动项目。周一至周五持续开展大课间体育活动，每天第 8 节课开设课外体育锻炼活动，确保学生每天锻炼 1 小时；每年举行全员参与的秋季田径运动会和春季趣味运动会；每年组织师生举行足球、篮球比赛，选拔组织学生运动队，代表学校参加省、市、县各级田径运动会及篮球、足球等比赛。

一年一度的校园体育节，是校园文化生活中不可或缺的重要活动，既是对学校师生综合素质的一次锻炼和检阅，又是学生群体意识、团队精神、拼搏精神的综合展现。通过体育节的举办，学生一方面挑战极限，不断攀越新高，取得了体育竞技和精神文明的双丰收；另一方面践行了"更快、更高、更强、更团结"的奥林匹克精神，让体育运动成为生活的一部分，并把体育精神迁移、传递到更具挑战的学习领域中来。

学校体育节系列活动（学生）

为进一步贯彻《全民健身纲要》，倡导全民健身理念，丰富全体教职工校园文化生活，增强教职工的凝聚力、向心力和归属感，学校每年举行春季教职工趣味运动会。三尺讲台育桃李，绿茵赛场燃激情。趣味运动会共设四人五足、呼啦圈过山车、珠行千里、袋鼠跳四个比赛项目。这些项目既体现了体力与智慧的较量，也是对团队协作的考验。比赛以年段为单位，活动中教师们精神饱满，配合默契。比赛扣人心弦又不失欢快活泼，气氛紧张而热烈，彰显了一中人团结协作、爱拼敢赢的精神风貌。

学校体育节系列活动（教师）

第二节　以美育心　彰显文化力量

　　美育是一种培养人的审美观、鉴赏力和创造力的教育。通过音乐、美术等艺术形式的教育，可以培养学生对美的敏感性和欣赏能力，激发其创新思维和想象力。美育不仅是一种教育方式，更是一种文化传承和发展的重要途径，能够帮助学生塑造良好的性格，提高文化素养和人文精神。

为贯彻落实《福建省人民政府办公厅关于全面加强和改进学校美育工作的实施意见》，学校不仅一直以来都按照国家要求开齐开足音乐课、美术课、书法课，还结合地方文化开设具有儒学特色的艺术课程，创建书法、主持人、辩论、朗诵、音乐、舞蹈、表演、动漫等多个社团，培养学生的艺术爱好，尽量让每个学生至少学习并掌握一项艺术技能。学校每年开展校园科技文化艺术节、迎新晚会、社团汇报演出等文艺活动，并与校外艺术团体如安溪高甲戏剧团、安溪文化馆等建立合作关系，在学校开设传统戏剧课程和茶艺表演课程。为丰富学生的课外生活，学校在吴伯桢教学楼前小广场搭建了小舞台，从周一至周五，各年段按班级轮流登台演出。

一、美育提素养，艺术润心灵

艺术教育是美育的核心，也是实施美育的主要途径。它能够丰富人的想象力，发展人的感知力，加深人的理解力，增强人的创造力，培养全面发展的人。学校非常重视美育和艺术教育，开展多方面的艺术活动，让艺术润泽心灵，提高学生的综合素养。学校每年举办校园科技文化艺术节，精心策划并组织"班班有歌声"合唱比赛、精品社团会演、主题演讲比赛、校园"十佳歌手"比赛等。同时，为打造学校艺术教育典范，学校选拔并组织了艺术代表队。时间精力的投入与专业指导的加持，艺术代表队在省、市、县的艺术节活动中屡获佳绩：在2021年10～12月福建省教育厅主办的全省第七届中小学生艺术节活动中，学校选送的朗诵作品《与妻书》获得中学组二等奖，班级合唱作品《在太行山上》《龙的传人》获得中学组三等奖；2023年3月由泉州市教育局和泉州广播电视台联合举办的泉州市中小学生艺术节活动中，学校选送的朗诵作品《不朽》代表安溪县参赛，以第二名的好成绩获得市一等奖。

学校美育系列活动

二、美育促成长，身心更健康

美育不仅对学生的成长起着至关重要的作用，能够提高学生的审美能力和创造力，同时也有助于培养学生的情感表达和人际交往能力，帮助他们塑造良好的品格和价值观。通过美育，学生可以更好地认识和理解世界，增强自信心和自尊心，从而更好地应对生活中的挑战和困难，提高心理健康水平。

近年来，学校大力改善和建设心理健康教育场所——学生发展指导中心，旨在通过美育环境的搭建、专业人士的引导，为学生缓解压力、释放情感、认知世界提供良好的出口与平台，提升学生情感表达、人际沟通、社会理解的能力，助力学生品性与品位的培育和优化，让学生能行稳致远。

作为市级心理健康特色校，学校在场地设备、师资队伍和环境养成等方面投入大量的人力、物力和资金。学生发展指导中心占地面积150平方米，设有配套接待室、沙盘游戏室、音乐放松室、个体咨询室、宣泄室等五个功能室，每个功能室均制订相应的管理制度。指导中心配备身心反馈仪、音乐放松椅、沙盘游戏用具、测评软件等专业设施，可以对学生的身心健康状态进行高效、快捷的评估和鉴别。指导中心现有专职心理健康教育教师两名、兼职心理教师五名，其中吴艺凤老师是国家二级心理咨询师、市优秀心理教师。

  学生发展指导中心是心理健康教育教师开展个别辅导和团体辅导，帮助学生疏导与解决学习、生活中出现的心理行为问题，排解心理困扰和防范心理障碍的专门场所，是学校开展心理健康教育工作的重要阵地。其主要功能有开展团体心理辅导、进行个别心理辅导、监测心理健康状况、营造心理健康环境。指导中心根据省市县文件要求及学校心理健康教育工作开展情况，制订《安溪一中心理健康教育工作计划》，为学校心理健康教育工作提供指向和具体指导，科学、合理安排学校心理健康教育工作的具体进度。为应对心理危机事件的发生，指导中心制订《安溪一中学生心理危机干预实施方案》和《心理危机干预四级预警系统》，并创造性地将方案和系统整合为心理危机干预/预警系统，统一规划、落实执行、跟踪评价。

学生发展指导中心系列活动

三、美育抒情怀，文化更自信

美育在通过艺术和审美的方式来培养人的情感、想象力和创造力的同时，也是一种文化理解、传承和弘扬的有效方式。通过艺术的形式，可以将本民族的文化民俗、风土人情融合在一起，彰显民族文化的独特魅力。通过美育的熏陶，能促使学生更深入地理解和认同自己的文化，能培养学生对自己文化的热爱和自豪感，从而增强文化自信。

在以美育促发文化自信的理念指导下，学校致力于精品主题活动的组织与落地。深耕本土传统艺术资源，力推以"优秀闽南传统文化进校园"为代表的本土文化特色互动活动，开发了诸如安溪茶歌、高甲戏、藤铁等具备地方特色的精品艺术课程。此外，学校还形成了以"我们的节日""十八岁成人典礼""书法比赛"为代表的校园系列特色文化活动。

（一）优秀闽南传统文化进校园

学校与安溪县文化馆、安溪高甲戏团长期合作，把闽南的提线木偶、高甲戏等传统戏曲以及福建非遗文化"安溪茶歌"请进校园，并共同开发了高甲戏、安溪茶歌作为特色校本课程。在体验互动与课程学习中让学生

优秀闽南传统文化进校园系列活动

感受中国传统文化的博大精深，也让学生明白，身为炎黄子孙、中华文明的传承者，他们要承担起将中华民族传统文化发扬光大的历史责任，从发展中前行，在发展中进步，让中华文化照亮世界大地。

（二）"我们的节日"专题活动

每逢元旦、春节、清明节、端午节、中秋节、重阳节等中国传统节日，学报都会组织主题鲜明、内容丰富的节日专题活动，在文化、仪式与活动的浸润中让学生更直接深入地了解传统节日的起源、习俗和意义，在提高对传统文化的认知和理解的同时，也让学生感受中国文化的博大精深，唤起并内化他们的文化认同感、民族自豪感，在文化滋润中孕育出爱国爱乡、自信自强。

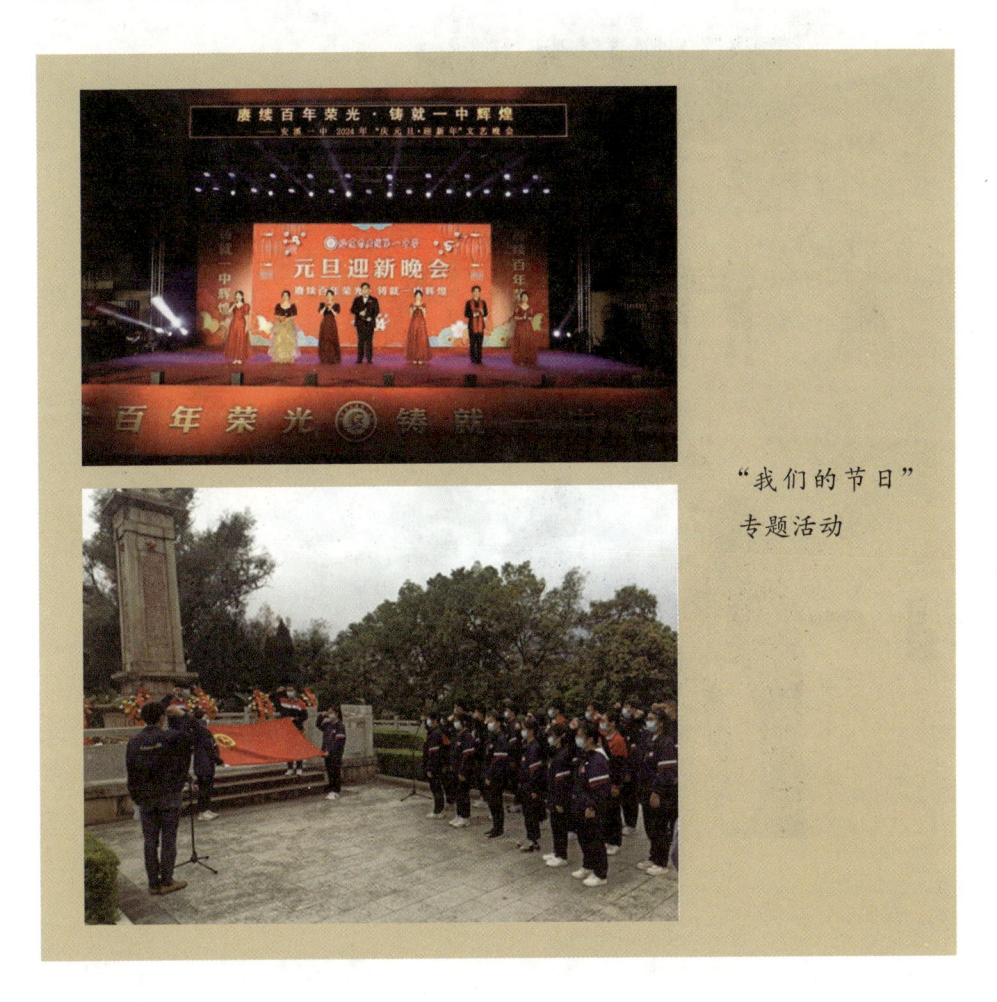

"我们的节日"专题活动

(三)"十八岁成人典礼"活动

学校为每届高三毕业班隆重举办"十八岁成人典礼",通过我国传统冠笄之礼的设计、学校领导和教师的主题致辞、学长学姐的经验分享、致谢父母的养育等活动的精心安排,让学生感受自我成长的同时,也明白作为成人应有的担当,对父母、对学校、对社会、对国家的感恩和责任。在学生步入成年之时,这一活动有效引领了学生的成长和发展,加强了学生的人生规划意识与感恩之情,增强了学生的公民意识和社会责任感,成为学校内涵与文化建设的抓手与典范。

学校隆重举办"十八岁成人典礼"

第三节　以劳树德　锤炼高尚品格

在人类社会的发展历程中，劳动一直扮演着至关重要的角色。通过劳动，我们不仅创造了物质财富，也塑造了精神世界；劳动不仅是生存的手段，更是实现自我价值、提升人格境界的途径。"以劳树德"是安溪一中开展劳动教育的理念与诉求，通过劳动，致力于培养学生勤奋、坚韧、创新、合作的优秀品质。勤奋让学生能珍惜每一份付出，坚韧让学生在面对困难时不轻言放弃，创新让学生敢于探索未知，合作让学生懂得团结的力量。

一、开发劳动课程体系，培养劳动精神

学校始终坚持将劳动教育纳入学校的课程体系中，通过积极探索劳动教育创新模式，开创了"蛟腾盘云·勤实慧农"应用型劳动教育特色项目，并成功申报福建省第四批中小学劳动教育实践特色项目。

在项目开展中，学校成立了"蛟腾盘云·勤实慧农"无人机、智慧农业和"勤实"单车应用型劳动实践教育领导小组，由学校党总支书记、校长林添才亲自担任组长，负责制订整体规划、目标和政策。多次召开劳动教育工作专题研讨会、推进会、培训会，制订劳动教育实施方案，把劳动教育特色校创建工作列入学校发展规划。聘请专业的技术人员、培训教师，指导学生进行整体项目的设计和教学实施，建立了创客无人机科创中心、智慧农业、"勤实"单车劳动实践教育基地，将劳动成果应用于校园管理，配备了必要的设备和资源，并共建实验所和实验基地，拓展教学资源，为学生提供一个良好的劳动实践环境。

该项目旨在通过"勤实"共享单车创新劳动教育实践基地、创客无人机科创中心、智慧农业等相关技术的学习和实践，培养学生的动手能力、创新精神和团队协作意识，同时将劳动成果应用于教育教学管理工作，提升学生的综合素质。通过持续的努力与改进，该项目的成果转化显著。

（一）"勤实"共享单车

将校园内及周边地区长期无人认领的废弃自行车进行维修保养后，供全校师生免费骑行。这样既解决了废弃自行车资源浪费的问题，又为师生提供了免费的骑行服务。建立勤实单车创新实践基地，作为废弃车的维保中心，也是学生劳动教育基地。维保后的单车统一管理，为校园师生提供通勤服务，将劳动成果有效转化为服务项目。

（二）"创客"无人机科创中心

这是校园科技创新中心，依托创客中心，通过无人机的组装过程，培养学生仔细观察、精确操作的能力。培训学生飞行技巧，并将无人机应用融入校园学习工作管理中，通过无人机校园巡查辅助学生规律作息、排查隐患。

将科技与学科知识有机结合，培养学生相关职业所需的技能和素质。项目为学生选择未来职业提供了更多的机会和方向，也为他们的职业发展奠定坚实的基础。学生在实践中学习无人机的基本原理和操作技巧，同时也融合数学、物理、艺术、信息技术和地理等学科知识。这种学科知识融合的教学模式，激发了学生对知识的兴趣，促进了跨学科思维的形成和应用。

（三）智慧农业馆

依托福建省农业科学院数字农业研究所与学校生物组的技术支撑，打造集现代农业科普、多学科教学研究、科学实践体验于一体的智慧农业科普馆，设计了无土栽培展示区、植物工厂展示区、迷你装备栽培区、墙式立体栽培、组织培养实验室、水肥一体化装备、环境数据采集系统等，将种植的西瓜、甜瓜等水果及甜椒、番茄等蔬菜转为农业基地应用项目。

（四）形成与课程体系配套的劳动教育校本教材

每个劳动实践项目都设计成可操作的劳动课，结合劳动实践指导手册，做好课程设置与实施贯彻。

学校师生参加安溪县中小学校劳动教育特色项目展示活动

"蛟腾盘云·勤实慧农"应用型劳动教育特色项目

第六章 加强体育美育劳动教育 筑牢立德树人基石

129

二、注重学科知识融合，理解劳动价值

劳动教育与学科知识的融合是一种教育理念，旨在将劳动教育融入学科教学中，以提高学生的劳动素养和综合能力。学校在实施劳动教育课程体系的过程中，也一直在尝试应用多种途径形成特色融合课程体系，通过以下几种方式实现了学科知识与劳动教育的有机结合、双向并举。

（一）跨学科主题教学

学校组织跨学科的主题教学活动，鼓励将劳动教育与其他学科知识相结合，引导教师在学科教学中整合相关的劳动教育内容。例如，在生物课上，学生可以通过学习植物生长和园艺技能，了解植物的生长过程和养护方法；在地理课上，学生可以通过学习环境保护和可持续发展的知识，了解如何保护自然资源和环境；在历史课上，学生可以学习有关劳动史的知识，了解劳动在人类社会中的重要性和发展历程；在数学课上，学生可以通过学习应用题，了解在实际生活中如何运用数学知识解决劳动中的问题。

（二）实践探究性教学

学校通过组织学生进行综合实践、劳动体验和探究活动，如参加志愿服务、进行社会调查、开展项目学习等，让学生亲身体验劳动的过程，了解劳动的意义和价值，提高社会实践能力和团队协作精神。例如，在学校与企业共同开发的探索铁观音与藤铁"双铁"工艺的实践活动中，不仅强化了学生对产业的实境体验，提高了学生的实际动手能力，也培养了他们对传统文化的尊重和热爱。每年的迎新接待志愿服务活动，志愿者们通过无私奉献和辛勤工作，在帮助新生适应新环境的同时，也提升了自己吃苦耐劳的品格以及团队协作精神。

（三）创新教育性教学

学校通过开设创新课程、组织创新竞赛等方式，鼓励学生运用所学知识解决实际问题，提高创新能力和动手能力。例如，学生通过设计智能家居设备、制作机器人等，更加深入地了解科技与劳动的关系，提高科技素

养和创新能力。

2023年12月，安溪县教育局组织举办全县"劳动教育＋学科知识"课堂教学观摩活动，学校开设的"泡菜的制作""单车拆解与安装实践活动"均得到认可与借鉴。

"泡菜的制作"的教学现场

"泡菜的制作"由生物组柯桂芬老师执教。她从生物化学知识导入，学习有关微生物的知识，分析发酵过程中微生物的作用及其对人类生活的影响，以泡菜制作为例，指导学生动手实践，真切地感受生活中的学科魅力。

"单车的拆解与安装实践活动"由物理组李伟玲老师开设。课堂从"勤实"单车项目成立意义引入，通过对校园周边的废弃自行车进行维修保养，变废为宝，提高了学生的动手能力和科学探究能力，同时紧密融合物理知识，激发学生参与劳动的主动性、积极性。

"单车的拆解与安装实践活动"的教学现场

三、开展第二兴趣课堂，感受劳动快乐

开展第二兴趣课堂，可以为学生提供更多的选择，让他们在兴趣的驱动下主动参与劳动，感受劳动的快乐和价值。在第二兴趣课堂中，学生可以根据自己的兴趣和爱好选择不同的劳动项目，如手工艺、园艺、烹饪等。通过亲身参与劳动过程，学生可以学习到各种劳动技能和知识，提高自己的动手能力和创造力。同时，他们也可以在劳动中感受到成就感和对社会的贡献，增强自己的自信心和责任感。经过长期教学活动的开展，学校业已形成体系化、特色化的劳动第二兴趣课堂。

（一）校园绿化实践基地

充分利用校园的树林、花圃、绿化带，结合环境特点开设"绿化实践基地"，以班级为单位进行认领、培育，并开展班级之间绿植比赛，引导学生在种植劳动中感受并认同智慧、乐趣与团队的力量。

以班级为单位的校园绿化实践基地

（二）"学农教育"主题实践

很多知识和道理都来自劳动、来自生活。从生活出发，接本地实际、应环境优势，才能更好地有针对性地引导学生树立劳动观念、培养劳动习惯、提高劳动能力。由此，学校因地制宜，结合茶乡实际和特色，开设"春种秋收·晚稻开镰"劳动教育主题实践活动，让学生体验并体会"粒

粒皆辛苦";开设"竹藤编技艺学习与制作"劳动教育活动课,让学生学习国家级非物质文化遗产——安溪竹藤编相关技艺,并参与笔筒、帽子、花篮等编织作品的制作;开创"勤实茶园"特色项目,让学生参与育苗、整枝、采收等农事活动,感受家乡茶文化,体验茶农的喜悦。

"春种秋收·晚稻开镰"劳动教育主题实践活动

"勤实茶园"主题活动

"安溪竹藤编制作"主题课

第七章

勇当改革先锋　巧提育人质量

学校坚持以学生为根本，以质量为导向，不断创新教育模式和方法，使得教学改革之花在校园内绽放出绚丽的花朵。在学校管理的提升上，学校展现出坚定的改革决心和高效的执行力。通过加强领导班子能力建设，优化管理制度，学校的管理体系更加科学规范，为教育教学改革的深入推进提供了坚实的组织保障。学校还注重教育科研，为教师的专业成长提供了广阔的平台，使教师能够不断更新教育观念，提升教学能力。学校在教育教学改革方面的丰硕成果，不仅为学校自身的发展注入了强大的动力，也为基础教育改革提供了宝贵的经验和样本，展现了学校在教育创新道路上的坚定步伐和突出成绩。

第一节　管理提质　激发改革"内动力"

学校注重优化管理，向内寻求突破，融合推动班子成员领导力、管理工作规范力、全校师生落实力、年段团队执行力和后勤安全保障力建设，凝聚学校建设发展"内动力"。

一、强化能力建设，提升班子领导力

学校领导班子是学校管理的核心力量，加强学校班子建设，提升领导能力，是学校高效运行和持续发展的重要保障。

（一）加强思想建设

学校完善并落实领导班子学习制度，以"不忘初心、牢记使命"主题

管理能力建设示意图

（图中文字：内动力；领导力——强化行政核心，提升班子领导力；规范力——优化管理制度，提升工作规范力；落实力——筑牢常规基石，提升师生落实力；执行力——创新协调机制，提升年段执行力；保障力——防范治理并行，提升安全保障力）

教育、党史学习教育、学习贯彻习近平新时代中国特色社会主义思想等党内集中教育为契机，强化理论学习，筑牢思想根基，用党的创新理论引领学校建设发展。注重党风廉政建设，学期初、重要节假日等节点，学校党总支书记、校长均对班子成员进行廉洁自律谈话，要求班子成员严于律己，廉洁自律，以身作则，发挥表率作用。

（二）锤炼专业素养

学校坚持不懈组织班子成员参加各类培训和学习活动，引导班子成员自觉通过培训、学习，掌握先进的教育理念和管理方法。组织参加县教育局组织的学校中层干部清华培训班；安排陈汶森副校长到厦门双十中学进行为期三个月跟岗学习；由分管副校长带队，组织中层干部到襄阳三中、衡水中学、石家庄二中等名校进行深入学习、交流；加强与厦门大学附属实验中学、晋江养正中学等兄弟学校交流互鉴。注重加强内部交流与分享，班子成员之间相互学习、取长补短，共同提高管理水平。加强中层干部队伍建设，注重老带新工作，施行中层干部任前跟班学习制度，选拔优秀青年教师到相应处室担任主任助理跟班学习，试用期满后按照组织程序进行考核、聘用，做好人才干部队伍梯队建设。

处室主任助理聘任仪式

（三）强化协同联动

明确领导班子成员职责和分工，编印成册，各处室职责上墙，班子成员做到分工不分家，补位不缺位，在各自岗位上充分发挥作用。加强沟通与协作，通过校务会（每周一次）和行政会（一周行政例会，一周部门行政工作盘点会）等方式，建立健全班子沟通机制，畅通信息交流渠道，集体研究探讨学校发展问题，制订解决方案，凝聚发展共识，提高决策效率，助力学校各项工作顺利开展。

（四）落实结果运用

建立科学的考核评价体系，每学期末举行中层干部述职总结会，激励大家更好地履职，提升领导能力，取得显著成效。学校打造了一支具有高度凝聚力、战斗力和创新力的行政班子，为安溪教育输送了一批富有领导力的人才：学校原副校长陈汶森、赵志良现分别担任安溪六中、俊民中学校长，曾来校跟班的吴文龙校长助理也被任命为龙门中学书记兼校长；詹晓蓉、王妙婷、苏杰能等一批年轻教师顺利成长为中层干部。

二、优化管理制度，提升工作规范力

优化学校管理制度，提升工作规范，是提升整体教育质量和运营效率的关键。学校通过建立健全管理制度和规范制度运行，不断提升管理水平。

(一)健全规章制度

按照要求，制订实施《福建省安溪第一中学学校章程》，并在此基础上修订完善了一系列学校管理制度，2017年编印《安溪一中管理制度汇编》。密切关注教育行业发展动态，结合学校发展要求，于2019年对汇编及时进行修订、完善和更新。制度的制订和修订充分调研和听取师生们意见建议，明确各项工作的要求和标准，为学校运行管理提供有力保障。

(二)规范制度运行

通过年段管委会联席会议、后勤工作会、新入职教师成长沙龙等形式，不断加强对管理制度的宣传和培训，编印《安溪一中学生手册》，并在新生入学训练中进行专题学习，营造良好的遵守规章制度的氛围。制订实施《安溪第一中学重大事项民主决策实施办法》，成立有教师代表参与的财务审核监督小组、职称评聘领导组、职务聘任评议组等教职员工自主管理、民主监督的相关机构，每年召开教师代表大会，落实民主管理。

(三)加强监督考核

为确保管理制度有效执行，学校加强对制度执行情况的监督检查，对违反规定的行为进行及时纠正；同时注重发挥师生监督作用，鼓励师生积极参与管理制度执行情况监督，共同维护学校管理秩序。在优化管理制度的基础上，加大考核力度，将制度执行情况与教职工的绩效考核、职称晋升等挂钩，引导教职工认真遵守和规范执行管理制度。学校建立了"校长出思想、部门定方案、年段抓流程"的层级管理体系，形成了"强班子、硬队伍、严管理、高服务、明奖惩"的工作策略。

三、筑牢常规基石，提升师生落实力

教育教学常规是学校工作核心，关乎学校教育质量和师生发展。常规管理形成高原，精致管理造就高峰。精细化常规管理涉及学校管理、教学方法、师生沟通等多个方面。

(一)夯实常规管理规范

为更好适应教育改革和发展需要，加强对教育教学的目标、内容、方法、评价等常规规范的优化，制订实施《安溪一中精细化管理方案》，为"党员·名师"双培养工作室、教学常规、听录评课、校本练习、德育常规等提供可操作具体规范。各年段遵循学校"将常规做到极致就是质量"的精神，强化班主任职责，注重班级过程管理和学生常规管理，通过行规常态化、培育精细化、育人立体化，将德育不断内化为学生自身成长的动力。

（二）加强教师业务培训

定期开展备课组长座谈会、学情诊断质量分析会等，通过课堂诊断、专家入校、备课组教研观摩、送教送培、同课异构、年段巡查等教研形式，强化"教"与"学"的动态把控，让教学改革走深走实，用教科研带动教师育人观念的更新，以智慧共享促进教师专业化发展。

（三）着力构建评价体系

根据《教育部关于推进中小学教育质量综合评价改革的意见》文件精神，出台学校学生发展性评价指导意见，注重学生综合素质评价。通过监测结果，不断优化教师教学评价方式。注重激发师生积极性和创造力，通过举办学风建设提升年系列活动、优秀校本作业展览、"见贤思齐，向美而趋"优秀卷面评比暨展示活动等方式，鼓励师生不断创新和自我超越，为实现教育教学目标提供动力。通过科学合理评价，学校可以更好地了解教育教学工作实际情况，为改进教育教学工作提供依据。

优秀校本作业颁奖仪式

四、创新协调机制，提升年段执行力

年级作为学校教育教学基本单位，其执行力在很大程度上影响着学校整体发展。学校通过健全制度、团队建设、奖励激励、家校协同等方式不断提升年段执行力。

（一）健全管理制度，明确职责任务

制订实施《安溪一中年段管委会负责制管理及考核办法》，推行年段管委会负责制，让年段与处室各自功能得到更好的对接与发挥，充分挖掘潜力，寻找管理新的增长点。施行"双轨三级"管理模式，即"校长—分管副校长—处室""学校—年级部—班主任"。统筹协调推进六个年段教育教学管理等工作，形成全校一盘棋；着力抓好德育管理和教学管理两大部门，加强横向和纵向沟通、交流与协调，畅通渠道，提高执行力。

（二）强化团队建设，提高协作能力

通过副校级年段管理协调人，鼓励各年段之间开展合作项目，促进年段间的互动与合作，实现教育教学资源的优化整合。加强教师团队培训和交流，提高教师教育教学水平。关注学生团队建设，通过班级班牌文化布置、跑操、茶苑研学等活动，培养学生团队合作意识和领导力。定期召开聚焦提质增效的管理工作会，加强年段与其他部门的协作，形成合力，共同推动学校整体发展。

年段管委会召开工作会

（三）创新激励机制，激发工作活力

制订实施奖励政策，对在教育教学工作中表现突出的教师和学生给予表彰和奖励。在教师方面，各年段制订并实行目标达成过程性奖励。在学生方面，评选年段"领航之星""学习标兵""进步之星"等，年度评选"优秀学生"。打造师生发展中心，举办年段团建活动，丰富师生校园生活，提高年段凝聚力。

优秀学生荣誉证书

（四）注重家校协同，形成教育合力

制订实施《学校领导班子服务师生联系点、谈心及接待日制度》，明确下年段行政、下教研组行政、值日行政在保障师生诉求通道和权利上的职责，设立校长信箱和校级领导接待日，每学期举办一次"开放办学日"活动，高度重视师生、家长来信来访，对师生、家长反映的问题，及时进行调查核实、回复解决意见。通过校园智慧平台及微信群，及时了解、解决师生在物品维修等方面的诉求、对学校工作的意见建议，及时整改落实反馈。引导家长参与学校教育教学活动，为年段管理工作提供支持。近年来，师生、家长满意率均达95%以上，学校行风评议均居所在区域前列。

五、防范治理并行，提升安全保障力

牢固树立"安全就是办学底线"意识，坚守安全底线，时刻把师生安

全放在第一位，加强软硬件建设，提升安全保障能力。

（一）健全安全与应急管理制度

成立学校安全工作领导小组，配备专、兼职保卫干部，实行部门岗位安全工作责任制，严格执行安全隐患日查周结月报制度，常态化开展安全隐患排查整治。建立完善防抗地震、防台风、预防校园拥挤踩踏事件、学生意外伤亡处置、校舍倒塌事故、突发公共卫生事件等各类安全应急预案，举办各类重大集体活动均制订科学、合理、操作性强的专项应急预案。定期组织开展各项安全演练，提高师生针对突发事件的应对能力，杜绝发生校园安全责任事故。积极推行并做好购买意外伤害校方责任保险工作，校方责任保险投保率为100％，防治校园欺凌和暴力事件措施得力。

地震、消防演练

（二）深入开展安全健康教育

编写校本教材《校园安全教育》，全方位开展防溺水、交通安全、防校园欺凌、防恐防暴等专题宣传教育活动。开展法律进校园活动，邀请县公安局、检察院、法院领导到校开设法律专题讲座。教育引导学生遵规守纪，依法、文明、健康、安全上网；引导学生尊重不同民族和地域文化，营造法治、和谐的环境氛围。充分运用黑板报、宣传橱窗、班会课、讲座、图片展等形式定期对师生进行安全卫生教育，按要求认真开展健康、禁毒和预防艾滋病教育。有针对性做好疾病预防、饮食卫生常识教育，心理咨询室定期开展生长发育和青春期保健知识普及讲座。落实《中小学健康教育指导纲要》，通过班会课、讲座、宣传栏等形式普及疾病和传染病等卫生安全常识，开展健康教育。

（三）建设安全卫生基础设施

严格按照要求配齐、配足专职保安人员，确保 24 小时有人值守校园。配备保障学生安全与健康的基本设施和设备，在学校门卫值班室设置一键式紧急报警装置，技防设施设备建设全部符合国家环保、安全等标准。将校舍安全信息等录入泉州市智慧安监信息平台并每个月及时更新，校内无 D 级危房；学校食堂严格执行规定的管理标准；消防设施设备建设达标，消防器材足额配备；健全完善安全隐患排查治理信息系统，形成长效管理机制。加强与属地公安机关联动，与安溪凤城派出所密切联合，共同维护学校安全。

第二节　教学改革　构建精准教研模式

学校聚焦立德树人根本任务，以课堂改革为主体，以集体备课和教育科研为两翼，深化教学改革，加强教学管理，完善课程体系，改进教学方法，不断提升教育教学和人才培养质量。

一、引领课堂改革，激发教育创新

课堂是教学主阵地，是师生成长的共同舞台。"上好每一堂课"是教师的职业追求，更是学生成长、成才的关键。

（一）强化课程思政育人

课程思政是实现知识传授、能力培养、价值塑造三位一体的教学目标和构建"三全育人"新格局的重要举措。学校高度重视学生思政课程和课程思政建设，校领导深入课堂一线，开展听、评思政课活动，调研学校思政课教学情况，对课堂教学进行点评与指导，积极谋划思政课发展新路径，全力打造课程思政育人体系。通过与福建农林大学安溪茶学院等开展共建活动、召开研讨会、举办学术论坛等方式推动大中小学思政课一体化进程，不断推进思政课一体化教学资源共享、教改项目立项与教学成果申报。深化思政课改革，运用学生喜爱并接受的话语体系、方式方法和平台载体，不断提升思想政治教育质量。

召开思政一体化建设专项教研工作会

（二）创新课堂教学模式

学校认真落实新课程标准，推动教师积极探索基于真实情境和真实问题的项目式、互动式、启发式、探究式、体验式等教学方式，培养学生跨学科学习、思考、创造的能力和多跨度的综合视野，充分发挥学生在课堂中的主体地位。积极探索有利于学生创新素养培育的各类型课堂教学实践，强调师生对话，倡导民主师生关系，关注学生学习过程，激发学生学习热情，提高育人效率，引领学生个性发展，创设良好的课堂教学环境。经多年探索实践，各个学科初步形成了独特的教学模式，如语文的大单元教学、英语的项目式学习、化学的问题探究式学习和生物的先修教学模式，教学改革取得显著成效。学校将此方面的探索和成果集结成文——《文化传承志趣远　儒学课堂底蕴深》，于 2020 年 9 月 24 日刊于《中国教育报》，文章详细介绍了学校语文、英语、化学、生物四个学科课堂教学模式。

《文化传承志趣远　儒学课堂底蕴深》刊于《中国教育报》

（三）优化教育教学评价

制订实施《安溪一中学生发展性评价指导意见》，对学生进行全面多元的素质评估，注重学生成长过程的记录评价，有效结合自我、同学、教师等多维评价，杜绝以考试分数为唯一评价指标的倾向。每学年开展学情问卷调查、研究、分析；要求班主任和科任教师做好跟踪监测、有效分析，尤其做好过程性分析和相关的教学、考试总结，以增强教育教学的有效性。学校部门根据学生问卷反馈、过程记录、案例考评和学生综合素养等方面，对班主任和科任教师进行考评，改进教师教学评价方式。通过优化评价方式，促进教学相长，提高课堂教学水平。

二、加强集体备课，夯实课堂基础

集体备课是实施有效教学、提升教学质量的一个重要抓手，有助于发挥集体智慧，提高备课质量和教学水平。学校立足于学生全面发展，以促进教师成长和提高教学效率为原则，积极开展集体备课，推进课堂教学改革，打造高效课堂。

（一）丰富集体备课形式

充分发挥教研组长作为集体备课的组织引领作用，明确集体备课前的选题和要求，并在集体备课活动中主动发现问题、倾听发言、指导交流，充分发挥每个教师的积极性，避免出现个别教师的"独角戏"，或是教研组长、骨干教师的"一言堂"，让教师在交流中碰撞思维，相互促进。针对学习单元中学生的现实学科能力与学科核心素养要求之间的差距来确定教学问题；通过解决问题的一般方法与步骤，找准最近发展区，提升学生学科核心素养的策略研究；通过学习单元资料收集、教学流程模板、任务单、习题、作业设计等教学资源的融合，提高教学策略有效性和明晰改进方向；通过观摩名师课堂实录等方式，再学习、再研讨、再反思，不断提高教师的备课、教研能力。

（二）加强集体备课考核管理

学校围绕"指向核心素养的深度学习"，统筹安排专题集体备课活动。专门设计集体备课记录本，为各集体备课组提供备课结构和工具，落实集体备课流程。强化过程管理，对集体备课活动的计划、实施、效果等进行检查和考核。做好阶段性总结，及时发现问题、解决问题，将备课与上课、听课、评课结合起来，形成课堂教学闭环管理。学校通过集体备课工作全面促进青年教师培养，结合青年教师培养计划，通过开展沙龙、基本功比赛、教学设计比赛、名师名课观摩等一系列活动，全面提升年级整体教学水平与质量。

集体备课现场

三、开展教育科研，助力教师成长

课题研究是教育科研的重要载体，是促进教师专业化发展、提升教师教学素养和科研能力的重要抓手。学校鼓励和推动教师积极开展教育教学课题研究，并用研究成果指导教学实践，推进教学改革，提高课堂教学质量，助力教师专业成长。

（一）搭建四级教研网络

学校紧紧围绕办学特色，结合中、高考改革，搭建由"教研室、教研组、备课组、课题组"组成的四级教研网络，形成集"科研、教研、培训、实践"于一体的工作机制，推进教师开展应用性课题的研究工作，提高教育教学及研究的能力水平。近年来，学校聚焦学科素养，开设课题研修课程，加强对课题的管理和指导，以课题促教学，提升教学效益，取得显著成效。为进一步提升教育课题研究水平，促进教师的专业成长，学校邀请了省、市有关专家、名师进行开题指导、中期论证等，产出了《问题探究式课堂教学模式常态化应用研究》《学科核心素养视域下的高中语文小说专题教学》《高中数学智慧课堂教学模式的实践研究》《高中生物课程思政教学的实践研究》《基于项目式学习的学科工作坊创新实践研究》《基于学科关键能力的县域高中拔尖创新人才培养实践研究》《整体发展视域下中学语文单元学习任务群建构研究》等系列研究项目成果。

(二) 建立教研评估、激励机制

制订实施《安溪一中课题管理条例》《安溪一中校本课题研究实施方案》等，逐步做到教科研工作制度化、规范化、科学化，全方位提高教科研质量。校本课题研究扎根于实践，扎根于学校，扎根于教师，它成活的"土壤"是学校的教育教学实践，是广大教师的积极参与，与教师专业发展紧密相关，具有鲜明的"校本化"特征。校本课题研究从教师的课堂和教育教学实践开始，以敏锐理性的眼光发现需要解决的制约教育教学质量提高和学生发展成长的问题，并在教育教学实践中思考、探索解决问题的策略方法。鼓励教师总结、交流和推广科研成果，以智慧课堂为突破口，探索课堂有效性。

(三) 以研促教，带动教师成长

学校以"源头活水·教学相长"的教风促进教师专业成长，依托线上线下融合的混合式教研模式，通过教师成长系列沙龙、讲座、公开课、教师技能大赛、团辅活动、读书分享、团建活动等多样化培训形式，助力各类型教师实现从新手到骨干教师，再到卓越教师，直至专家型教师的成长。鼓励和引导教师从"教研"走向"科研"，从"科研"走向"引领"，成为"科研型""专家型""引领型"教师，再以"名师"孵化"优师""能师"，构建"青年教师→骨干教师→学科带头人→名师"的"四阶"教师发展体系。着力打造一支具有现代教育教学理念的会学习、会反思、会研究的"科研型""专家型""引领型"骨干教师队伍，提升学校教育教学质量内涵发展。

第三节 特色发展 育人方式转型升级

学校坚持立德树人，推进德育铸魂。结合学校实际不断改革创新育人模式，多维度打造"第二课堂"，加强学生自我管理和价值引领，着力培养学生的创新精神和实践能力，促进学生全面发展，推动素质教育发展。

一、点燃学生创意火花，多元拓展创新实践

学校高度重视学生创新意识培养，积极探索课后服务新模式、新样态，充分调动校内外教育资源，注重实践育人、知行合一，增强课后服务的多样性和选择性，为学生培养创新思维、激发创新动力提供平台。

（一）拓展知识深度与实践广度

注重跨学科学习，引导学生了解不同学科之间的联系和交叉点，从而形成更加完整和全面的知识体系。例如，学习计算机科学的学生可以同时学习数学、物理和工程学等相关学科，提高自己的技术水平和创新能力；指导学生充分利用课外时间，组织开展游学、实习、志愿服务等各式各样的实践活动，以亲身接触和体验不同的领域和职业，了解社会需求和趋势，提高学习能力和社会责任感，进一步增长见识，陶冶情操，补"钙"铸"魂"；为深入了解地域文化，传承文化命脉，学校开展以"寻梦海丝余韵，厚植家国情怀"为主题的研学活动。

瞻世遗寻根源，登清源观石刻

"青牛西去，紫气东来""元元洞天""悲欢"……清源山的摩崖石刻与优美的自然景观交融辉映，犹如意趣天成的艺术博物馆，不仅让研学团的学生领略了自然风光，更让学生了解了泉州古城的悠久历史。

寻闽台缘筑两岸情，探非遗美传非遗艺

闽台缘博物馆中，学生在微缩的世界里参观"远古家园""血脉相亲""隶属与共""开发同工""文脉相承""诸神同祀""风俗相通"等主题展览，了解闽台地理、历史、人文、风俗等历史渊源，厚植乡土人情和爱国情怀。

观火鼎公婆学非遗文化

"一个是手拿桔木长烟管、嘴挂八字胡须的火鼎公；一个是手摇大圆蒲扇、脸贴两块红消膏的火鼎婆"。这是泉州喜庆佳节踩街活动必不可少的传统节目表演。伴随着民间小调《十花串》等乐曲旋律，滑稽的舞蹈动作，幽默的语言，趣味横生，让研学团学生体验了一把非遗文化魅力。

（二）培养创新活力与实践能力

通过开设创新实践课程，鼓励学生参加科技竞赛、创新创业大赛活动等方式，着力提升学生创新意识，注重独立思考和批判性思维的培养，鼓励多角度看问题、找答案。建立导师制度，让学生参与导师的研究项目，接受实际的科研训练。开展丰富多彩的趣味性实验和社团活动成果展示交流，丰富学生的生活体验，培养学生自主实践能力。打造独具特色的创新劳动实践基地，指导学生通过参加实践活动、项目制作和志愿服务等方式，将所学知识应用于实际情境中，提高解决问题能力和团队合作能力。

电磁炉小实验——电磁感应应用

通过给电磁炉通电，点亮 3.8 V 小灯泡、发光二极管、220 V 的节能灯，带领学生体会隔空取电的奇妙现象，感悟背后蕴含的电磁感应原理。同一盏灯、同一个回路，电磁炉功率与灯泡亮度、匝数与亮度之间密切相关，渗透变压器知识，为物理学习做了体验和铺垫。

快乐的啄木鸟——机械振动应用

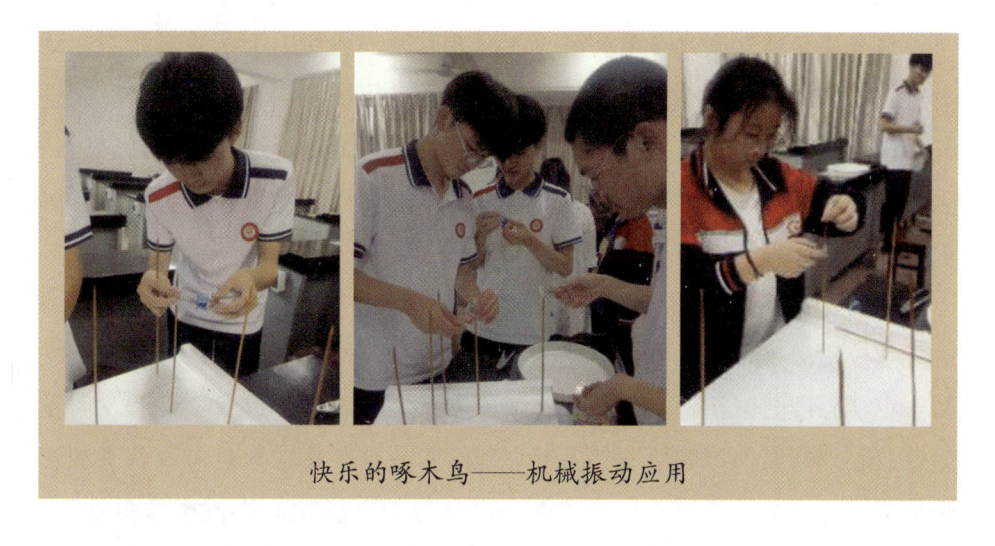

将竹签插入泡沫中,用热熔枪固定一下。裁取一小段吸管,让吸管与弹簧互相垂直,用胶布把弹簧最靠近吸管的那一圈固定在吸管上。弹簧的另一端夹住一个夹子,将吸管套在竹签的上端,手向下弹压一下夹子,夹子会边振动边下降,犹如一只快乐的啄木鸟。这个实验,不仅让学生学习了有关力学、力的平衡、力矩的平衡、摩擦力、振动和机械能等多个物理学科知识,也提高了他们的观察能力、动手能力和思维能力。

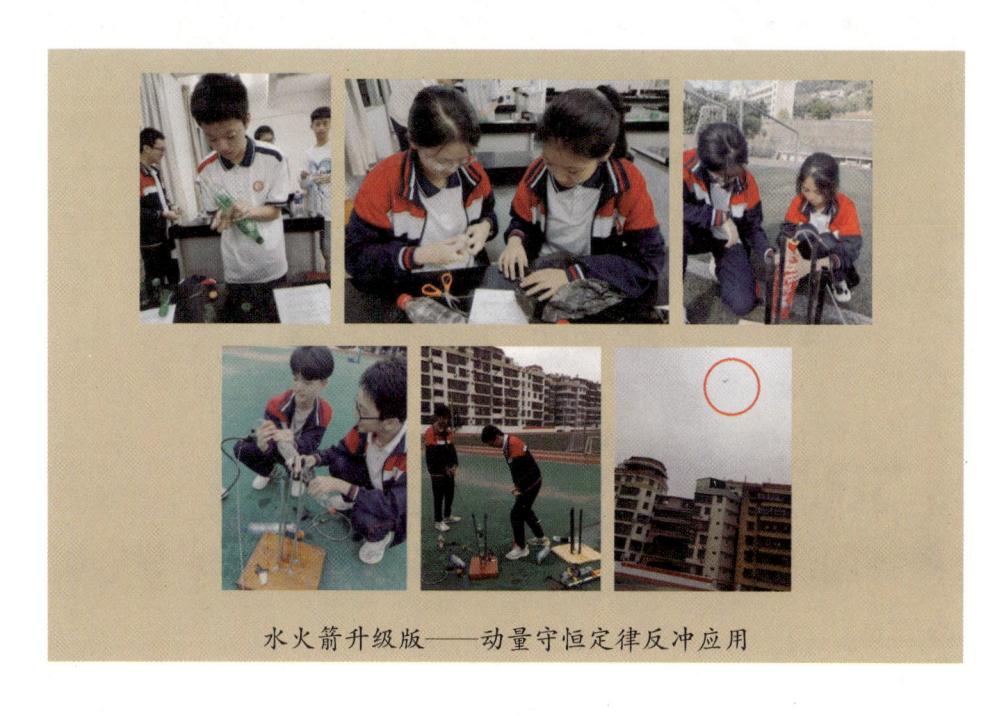

水火箭升级版——动量守恒定律反冲应用

水火箭又称气压式喷水火箭、水推进火箭，是利用废弃饮料瓶制作动力舱、箭体、箭头、尾翼、降落伞，装入一定数量水，利用打气筒充入空气，达到一定压力后发射。这个实验可以让学生更直观地了解导弹、运载火箭的发射升空和回收过程，理解导弹与飞机飞行的原理及其不同点，寓教于乐，培养兴趣。

（三）重视心理健康与情感支持

学校积极采取"一揽子"举措关注并提升学生的心理健康与情感支持。重视心理健康教育，将其纳入课程体系中，通过开设专项课程，向学生普及心理健康知识，帮助其了解心理健康的重要性，学会自我调节和管理情绪。定期组织开展心理讲座、心理辅导等多样化心理健康服务活动，为学生心理健康"保驾护航"。邀请专业心理医生开展学生生涯规划专题讲座，通过帮助学生设立清晰的生涯规划和发展目标，减少因缺少规划、缺失目标而带来的消极与焦虑。建立心理咨询服务体系，设立学生发展中心，配备专业的心理咨询师，为学生提供"一对一"的心理咨询服务，拓展预约线下咨询、电话咨询、在线咨询等多维度多渠道，为学生寻求专业的心理帮助提供"全天候"保障。与专业心理机构合作，积极引入更加专业的心理服务资源。

心理专题讲座

二、构建和谐师生关系，促进学生自我管理

学校注重学生个性发展和品德培养，引导教师涵养高尚师德师风，着力构建平等、和谐的师生关系，推动学生由"被动式"管理转化为"自驱式"管理，打造结构良好、运行顺畅的教学生态。

（一）坚持以人为本，注重学生个性发展

学校始终坚持人本主义教育思想，尊重学生的个性和差异，提供多样化的教育资源和方式，让每个学生都能够得到适合自己的教育和发展机会。例如，邀请校外专家结合时事热点开展的科普讲座，通过专业讲座激发学生的兴趣，让学生深刻了解当下科技对于国家富强的重要意义，自觉将个人兴趣目标与国家命运和人民期望同向而行，从而进一步涵养爱国精神，挖掘潜能、提升动能，促进学生全面发展的同时，为社会培养更多创新型人才、复合型人才。

中国科学院大学副校长杨国强教授作《高分辨光刻胶的研发及产业化》科普讲座

（二）强化德育，培养学生良好品德

注重学生的主体地位，关注学生内心需求和情感体验，指导教师引导学生积极参与课堂活动，进行讨论和思考，促进自主思考和自我成长。注重实践性和应用性，指导学生通过实践活动体验和道德规范感悟，形成良

好行为习惯。注重培养学生的道德判断力和道德选择能力，引导其进行案例分析、角色扮演等活动，了解不同情境下的道德规范和价值观。组织学生参加志愿服务、社会实践等活动，在实践中培养他们的责任感和奉献精神。

感悟嘉庚精神
厚植爱国情怀

三、建设优良校风学风，强化正确价值引领

学校积极营造良好的校园学习氛围，涵养积极向上的校园文化，建立健全学风建设长效机制，让优良学风成为学生的"人生底色"。

（一）营造良好学习氛围，激发学生学习热情

在全校范围内积极建立平等、亲密、和谐的师生关系，指导教师以身作则育人引路，重视学生思想教育和道德培养，引导学生树立正确的人生观、价值观。不断创新教学思路和方法手段，以项目式学习、翻转课堂等新形式增加学习的趣味性和互动性，提高学生的学习兴趣和接受程度。组织丰富多样的实践活动和课外拓展活动，让学生在亲身体验中增长知识，培养实践能力。深入了解每个学生的学习需求和个性特点，针对性制订"育苗方案"，让学生成长更高效、更均衡。探索设立奖学金制度，开展丰富多彩的校园文化活动，提供丰富的学习资源和学习支持，帮助学生解决学习中的困难和问题，提高学生学习的积极性和创造力。

为解决校园及周边废弃自行车占用道路以及学生校园通勤等问题，学校充分发动学生，实施"勤实"单车项目。"勤实"单车创新劳动实践基地设置了超200平米的教学实践车间，配齐了各式工具与配件，模拟工厂维修车间，供学生动手操作实践并提供全套教学指导。物理社的单车小组组织开展回收校园内废弃车辆，进行二次维护升级改造，制作车身专属涂鸦、上牌、校内共享等"一条龙"服务，为全校师生免费提供出行工具及保障。既将废弃自行车变废为宝，又充分提升了学生的动手实践能力。通过该项目，在全校范围内扎实推进培养创新劳动实践教育和"低碳环保、二次利用"的理念及"互助互爱"的奉献精神。

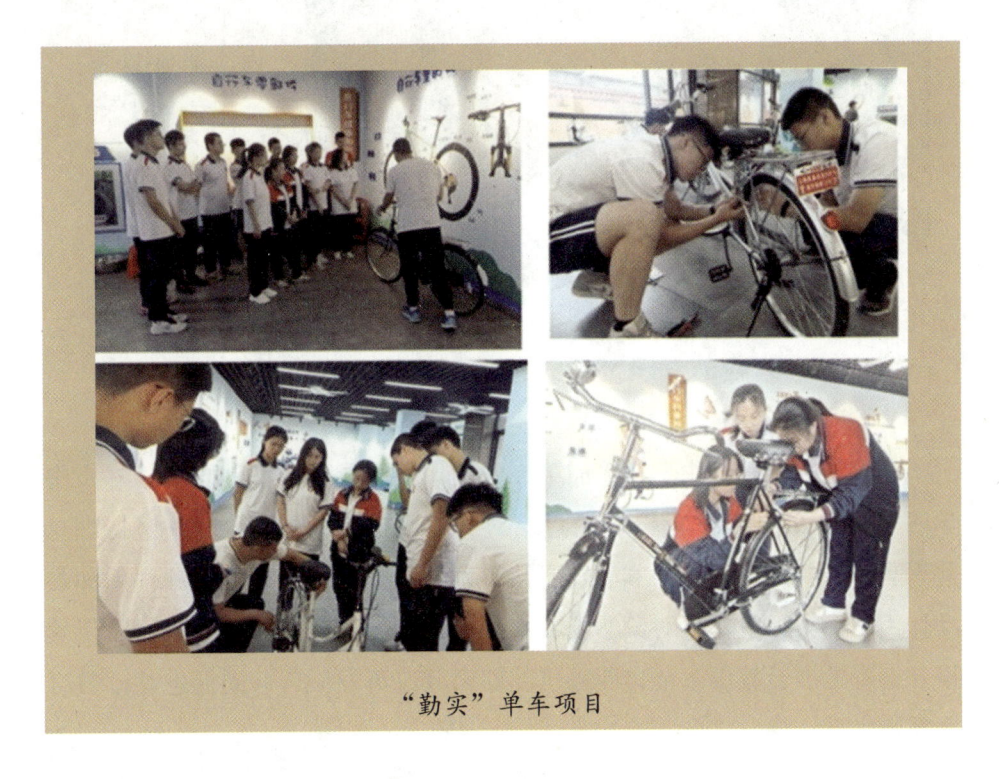

"勤实"单车项目

（二）建立学风建设长效机制，树立优良学风

推进"学风建设提升年"活动，不断健全科学有效的学风建设长效机制，明确学风建设的目标和定位，制订具体的实施计划和方案。不断完善学风管理的规章制度，涵盖学生行为规范、教师教学管理规定、学校监督管理措施等多维度，进一步强化发挥制度保障作用。注重校园文化建设，

举办各种学术活动、文化活动和社会实践等，营造积极向上的校园氛围，培养学生的综合素质和创新能力。着力加强师资队伍建设，系统性开展培训、交流等活动，提升教师的专业素养和师德师风，增强教育责任感和育人使命感。建立科学的学风评价指标体系，定期对学风状况进行评价，强化评价结果应用和追责问责，形成有效的警示和约束作用，将评价结果与职级晋升、评先评优等挂钩关联，通过压紧压实责任确保学风建设有效推进。

"创建优良学风，凝聚青春力量"主题学风班风"五比"建设座谈会

第四节　示范辐射　共画教育"同心圆"

学校与永春美岭中学、漳浦第二中学、安溪俊民中学、安溪第二十中学四校构建"1+4合作体"，通过结对共建帮扶开展校际合作，坚持理念共享、资源共助、方法共鉴、发展共向，充分发挥优质教育资源辐射和带动作用，助力示范辐射对象学校和共同体成员学校深化学校管理、队伍建设、德育发展、教学改革、课程建设等领域改革发展，共同促进基础教育高质量发展。

一、坚持理念共享，助力优化管理机制

学校积极搭建交流平台，通过"走出去"与"请进来"等方式，推进与共建学校管理层之间的深入交流，发挥学校治理的示范带动作用，完善学校内部治理体系。

（一）搭建互动交流平台

学校在区域内牵头建立校领导班子之间、处室之间的定期交流、沟通机制，与相关学校建立各层管理人员结对共建帮扶活动。组织创建网络交流共建新模式，各校处室负责人、年段长、备课组长可通过微信平台的"共建帮扶教研共同体线上研讨群""共建帮扶校备课组长群"和钉钉平台的安溪一中"空中课堂"联系群等进行交流互动。积极倡导城乡间的交流与合作，搭建两校行政班子交流与合作平台，开展领导班子现场观摩活动，借此推动学校资源共享、信息互通，达到取长补短、相互借鉴效果。不断拓宽渠道，采取举办校长或领导班子经验交流座谈会等方式，传播先进管理经验，发挥示范辐射作用，助力共建学校领导班子队伍建设。

（二）"走出去"现场指导

学校选派校级领导、分管副校长及各处室主任到帮扶共建学校开展学校管理专题讲座，交流学校管理经验，深入研判学校实际情况，进一步理清学校发展思路，健全完善管理制度，规范学校日常管理，不断提高管理水平。学校分期分批组织行政人员到示范辐射对象学校和共同体成员学校进行驻校实地指导，落地交流第一手管理经验，以师带徒为主要培养形式，帮助示范辐射对象学校和共同体成员学校形成管理团队建设特色、学校课

学校组织教师到漳浦二中开展对口帮扶活动

程建设特色。2023年2月15日和12月5日,学校组织部分行政及骨干教师前往漳浦二中开展省示范性普通高中对口帮扶活动,学校领导分享了办学管理经验,并就如何抓实常规管理、创新课程建设、细抓校本教研、培育骨干名师、培养拔尖学生、凸显办学特色等方面进行交流指导。

(三)"请进来"学习锻炼

学校与示范辐射对象学校和共同体成员学校建立校级、中层干部、年段干事等各层管理人员结对共建帮扶活动。帮扶共建学校每年选派1~2名中层干部或年轻后备干部到学校进行为期两周的跟班学习、挂职锻炼。学校每学期至少开展1次处室管理工作交流会,指导各校不断梳理修订,完善教育、教学、教研等管理制度,提升学校管理水平。

教育教学研讨活动

二、坚持资源共助,推进优势资源共享

学校充分发挥自身资源优势,积极推动与示范辐射对象学校和共同体成员学校在信息化教学资源、特色课程资源方面的共享、互补,努力推进区域教育均衡发展。

(一)共享信息化教学资源

学校牵头对五校之间的现有资源进行有效整合、优化配置,向示范辐射对象学校和共同体成员学校开放教学设施、设备,尤其是利用学校先进的网络信息技术平台,向4所共建帮扶学校分享优质资源,共建在线题库，开放在线测试平台、微课分享平台、资料网盘，以及互联学校教育教学资源中心的网络资源，促进优质教育资源共享。积极为示范辐射对象学校和共同体成员学校教师提供教学设施设备、教学软件，帮助他们利用现代教育手段提高教学效率，增加知识容量，激发学习动机，启发学生思维。2020年6月24日，学校召开帮扶共建"1＋4"教研共同体线上研讨会，就进一步提高五校在高考冲刺阶段的教学效率，提升教师的教学水平与业务能力，发挥各校名师团队合作力量，开展学校优质生源培养等工作进行互动交流研讨，取得显著成效。2021年5月13—14日，学校作为活动分会场，圆满举办了福建省2021年度第五场省级教育教学开放活动，漳浦第二中学、永春县美岭中学、安溪俊民中学、安溪第二十中、安溪第十二中行政人员和教师来校观摩交流，并全程进行线上直播，扩大教育教学公开活动的覆盖面，增强辐射实效。

（二）分享优质课程建设成果

学校凸显"多元第一·品质引领"办学特色，构建多样化课程体系，特别是以学科课程组建设为单位，开发了一系列校本精品课程，全面落实国家课程校本化进程。学校开发拓展类课程六大类，开设了"大清名相李光地""安溪乡土文化""文庙渊源 儒学底蕴""攀岩"等50余门体现办学特色和地方特色的校本课程，开设了"观音铁韵""安溪藤铁"等实践课程，创建了校内"勤实"单车、"勤实"茶园、气象观测站和校外溪禾山铁观音文化园、福建农林大学茶学院、华侨职校等实践基地，开展各类综合实践课程，学校的课程建设、课程体系已成为区域高中课程建设的模板。学校充分发挥优质课程的辐射引领作用，将多年研发的优秀校本作业和优秀校本课程通过线上线下方式分享给示范辐射对象学校和共同体成员学校，和4所共建帮扶校分享了校本课程的编写经验并赠送优秀校本课程教材。2020年6月17日，学校组队赴安溪俊民中学开展共建帮扶活动，分享交流优秀校本教材编写经验，并赠送《文庙渊源 儒学底蕴》《大清名相李光地》等优秀校本课程教材和学校自主研发的优秀校本练习。2021年4月13日，学校组织赴安溪第二十中学开展示范辐射活动，并捐赠学校校本课程教材《文庙渊源 儒学底蕴》及优秀校本作业。2021年11月5

日，学校组织赴漳浦第二中学开展共建帮扶活动，开展校本课程《观音铁韵——铁观音劳动教育特色项目交流》讲座。

学校组织教师到漳浦二中开展共建交流活动

三、坚持方法共鉴，强化教研教改示范

学校深化教育教学改革，并积极将教研教改成效辐射到示范辐射对象学校和共同体成员学校，共同推进素质教育发展。

（一）推进教研示范辐射

学校发挥科研优势，向示范辐射对象学校和共同体成员学校推介优秀课题成果，以培养科研型教师、普及科研知识、强化课题研究为主题，引导教师参与教学研究，丰富教育理论素养，树立教育创新意识。开展教育科研指导工作，推动科研与教学相结合，提高教研和教学水平。加强校间课题建设，鼓励示范辐射对象学校和共同体成员学校共同申报课题，每年确定1~2个教科研课题进行交流切磋，促进教师专业化成长；助力示范辐射对象学校和共同体成员学校有步骤、分层次地培养一批教学骨干，推出一批有志于教学改革的学科带头人。

（二）推进教改示范辐射

学校精心梳理在课堂教学实践中取得良好成效的教改成果，通过派遣教改骨干到示范辐射对象学校和共同体成员学校互开示范课、交流课、讲座，借助学校省级、市级教学开放周平台开展"同型展示课""接力课"等教学研讨活动，通过评课、专题研讨、座谈等形式，分学科、分年段开展教学研磨活动，扩大教改成果应用，提高示范辐射对象学校和共同体成员学校教改能力和水平，提升学校教改成果的辐射成效。学校充分发挥省级示范性普通高中和省一级达标中学办学经验，针对新一轮课程改革实际需要，通过指导培训、学术交流、互通资讯、信息交流、专题讲座、座谈会等多种方式，对帮扶共建学校新课程改革给予指导，帮助其实施和深化新课改，加快结对学校学科建设、改革发展和达标晋级创建。2023年12月23日，学校与对口帮扶校漳浦二中联合开展教育教学研讨活动，持续搭建交流平台，共同打造优质、高效的教学课堂。

四、坚持发展共向，力促教育水平提升

学校遵循"师生共发展"发展理念，依托优质教育资源，开展校际共建，打造德育活动精品，教师深入教学帮扶，发挥区域教育领头雁作用。

（一）发挥德育示范作用

学校继承和发扬百年校史文化传统，坚持开拓创新，建立了一支有理论高度、有高尚师德、有奉献情怀的高品位德育管理队伍。学校分组分期培训，鼓励班主任开设讲座或示范课，与共建帮扶对象学校和共同体成员学校的班主任进行德育观念、经验交流分享，积极推动校际协作，力求做到多点开花、理念推广、互促互进。

共同举办"经典诵读""读写思辩""我们的节日"演讲比赛等系列活动，增加学生间的交流，提升社团活动品质，丰富学生业余文化生活，培养个性特长，提高综合素质。组建校际学生社团联盟，选派优秀课外活动辅导员、优秀学生干部，与共建学校分享如何推进以团委、学生会、社团联合会、班干部为骨干力量，通过班级值周活动、志愿者活动、校运会、校园文化艺术节、十佳歌手赛、社团汇演等，培养学生自我管理能力的方式与经验。

定期向共建学校赠送校报《蛟腾凤起》、文学报刊《云帆》、记者报《一中之窗》、科普报《行知》、心理咨询报《心韵》《关爱生命》等，共享德育团建相关专题栏目电子资源；帮助共建学校通过广播、宣传栏、黑板报、校刊、校报和主题班会课等宣传阵地，营造健康向上的校园文化氛围。

（二）深入开展教学示范指导

共建帮扶"1+4合作体"创建以来，学校开展定期指导，先后派出多位行政人员、骨干教师到共建帮扶校长期驻点帮扶，"送教下乡"；与此同时，共建帮扶校也分批次安排行政人员、优秀教师到学校跟岗学习。2020年8月至2021年7月，学校精心策划，周密部署，制订详细帮扶共建实施方案，派出了教学能力强、教学业绩优秀的7位骨干教师到俊民中学开展为期一年的共建帮扶活动。7位教师走进班级，深入课堂，指导俊民中学教师的教育教学；分享教研成果，赠送校本课程和校本教材；开设示范课，参与备课组和教研组的主题研讨、新教师指导等活动；听取学校专题报告，旁听学校教研组例会、考试质量分析会；派出的3位行政人员介绍了学校的办学特色、办学理念、管理体制、运行机制以及学校达标晋级的经验等，与对应的职能部门对接交流，列席行政会议，为各部门及年级组的管理工作提供建议。2021年1月10日，漳浦第二中学、永春县美岭中

漳浦二中领导、教师来校交流

学、安溪俊民中学3所共建帮扶校各自安排了数位行政人员、优秀教师，到学校开展为期5天的跟岗学习。学校召开座谈会，有针对性地根据各校跟岗人员实际需求，布置相关对接工作，使得跟岗学习富有成效。

多年来，学校积极探索新的帮扶形式，"共建帮扶"的合作关系直接惠及学生。美岭中学和漳浦第二中学均派学生到学校接受系统化的学科奥赛培训，在2020年全国中学生生物学联赛中，两校共有2位学生荣获省级二等奖，1位学生荣获省级三等奖。

第八章

描绘未来画卷　迈向现代品性

在各级党委、政府的亲切关怀和正确领导下，学校秉承着崇高的教育理想，坚守着"勤·实·严·毅"的校训，不断追求卓越。学校承载着千年文脉，传统与现代在这里交融，形成了独特的校园文化。在未来的道路上，学校将继续承载着历史的厚重，以更加开放的姿态和创新的精神，书写新的辉煌篇章，为社会培养出更多具有现代品性和全面能力的优秀人才。

第一节　千年文庙源远流长　百年老校桃李芬芳

自2018年被确认为福建省示范性高中建设校以来，学校坚持以习近平新时代中国特色社会主义思想为指导，深入学习贯彻党的十九大、二十大精神，贯彻落实党的教育方针，按照省委、省政府关于新时代加快教育改革发展部署要求，不断更新教育理念，构建科学管理模式，积极推进教育创新，凝练办学特色，扎实推进省示范性高中建设工作，稳步提高学校办学质量，充分发挥学校在区域基础教育的示范引领和辐射带动作用，全面提升办学水平。

一、强思想，党建引领凝心铸魂

学校党总支认真学习贯彻习近平总书记关于教育的重要论述，扎实开展党建工作，引领全体党员教师提高政治站位，在思想上行动上跟党中央保持高度一致，坚持不懈用习近平新时代中国特色社会主义思想凝心铸魂，坚持把立德树人作为中心环节，不忘教育初心，牢记育人使命。组建党员名师"时政宣讲团"，深入课堂开展革命传统教育、爱国主义教育；开展了"机关党旗红，'五个泉州'在行动，'四个安溪'我先行"和"清溪杏坛党旗红·百千万行动"等主题实践活动，多渠道全力推进学校思政课建设。全国模范教师颜古城书记带头参加县乡村振兴教育"百师宣讲团"，到县文庙、各中小学集中宣讲十多场，录制的党课视频《积善之家，必有余庆》，被泉州市作为"泉民开讲"材料。学校党总支充分发挥示范引领作用，推进学校快速、全面、可持续发展，曾被评为省级"先进党组织"。

二、铸匠心，师资水平稳步提升

学校持续推进人才引进及培养工作，现有研究生学历教师达 27 人，占高中专任教师的 12.3%；增聘 18 位高级职称教师，现高中部有国家"万人计划"教学名师、正高级教师 1 人，特级教师 3 人；高级教师 110 人。

名校培养名师，名师支撑名校。充分发挥党员名师的领衔、示范、激励、凝聚和辐射作用，带动年轻教师的政治素养和业务水平双提高，学校创新成立 22 个党员名师"双培养"工作室，形成良好的人才培养机制。党员名师"双培养"工作室由党员名师领衔，安排固定工作地点，配齐办公室设施，按照省级示范高中的要求，以两个 80% 作为目标引领，以课题研究为载体，带领工作室成员开展教学研究，结合"三项研磨"和"四项素养"，扎实推进"双培养"工作，充分发挥了工作室的学科引领和辐射作用。引领教师开展富有实质性和适用性的课题研究，激励教师撰写发表可操作性强的有影响力的论文。示范高中建设周期内，共有 5 个省级及以上课题结题或在研，另有数十个市级、县级及校本课题完成结题。

学校加强教育培训，积极争取教育主管部门等上级部门支持，分批次安排教师到湖南、湖北、河南、河北、山东等外省名牌中学及福建师大附中、厦门一中等省内名校考察或跟岗学习，分批次派遣校级干部和中层干部到清华大学等名校参与先进教育管理理念培训；积极邀请名师、专家到校开设专题讲座，将培训教师教学技能和培训先进教育理念相结合，提升培训效果。为助力青年教师成长，学校组织新教师岗前培训及"老带新"师徒结对仪式，开展青年教师座谈会暨读书交流活动以及"青蓝相接·筑梦杏坛"青年教师成长沙龙等活动。

三、育新人，学生素质全面发展

学校落实立德树人根本任务，培养德智体美劳全面发展的社会主义建设者和接班人。加强党组织对德育工作的领导，创建了校长直接领导的德育工作小组，将德育工作经费纳入年度预算，保障德育工作顺利开展。坚持德育为先，把中华优秀传统文化教育、生态文明教育、心理健康教育和德育贯穿于教育教学全过程，提升学生的道德品质。以学生发展为核心，坚持发展性评价，把学生的思想品德发展状况纳入综合素质评价。

认真落实《中小学心理健康教育指导纲要》，规划建设学生发展指导中心，每天定时开放。配备专职心理健康教育教师2名，兼职心理教师3名。建立全校学生心理健康档案，做到每生一档。制订《安溪一中学生心理危机干预应急预案》，强化风险防控和应急管理，每学年举办专题讲座或者团体辅导。

开齐开足体育课，确保学生每天至少1小时的体育运动时间。学校体育馆正式投入使用，翻修塑胶运动场，增设篮球架、乒乓球桌等外围运动设施；挖掘校内空间，增加教学区跑步区域，开展每天千米环教学区跑操项目。大力推进特色体育项目建设，全面开设攀岩、足球等特色体育选修课，学生参与面广，体质明显提升。学校攀岩代表队于2019年9月建队并组织训练，2020~2022年连续三年在"福建省示范性高中建设学校攀岩展示活动"中荣获团体一等奖。2021年学校承办了第一届省示范性高中建设学校陆上赛艇展示活动比赛，学校陆上赛艇队勇夺首届冠军，并于2022年成功卫冕。学校田径队在2020年"福建省青少年U系列田径冠军赛"中获100米和110米栏冠军，1人达国家一级运动员标准，7人达国家二级运动员标准。

攀岩队 2020～2022年连续三年荣获福建省攀岩示范性高中展示活动一等奖

赛艇队勇夺首届省示范性高中陆上赛艇展示活动比赛冠军，2022年成功卫冕

认真落实《福建省人民政府办公厅关于全面加强和改进学校美育工作的实施意见》，按照要求开齐开足音乐课、美术课、书法课。建设3间美术教室、3间音乐教室，按标准配备活动器材，满足艺术教学需要。开设儒学特色的艺术课程、茶艺和安溪高甲戏等选修课程，与校外艺术团体（如安溪高甲戏剧团、安溪文化馆等）合作开设传统戏剧课程和茶艺课程，创建硬笔、毛笔、主持人、辩论、朗诵等多个学生社团，努力培养学生艺术爱好，每个学生至少学习并掌握一项艺术技能。每年制订艺术活动实施方案，面向全体学生开展艺术活动，学校 Mocking jay 舞蹈社、Wind pop 音乐社、异次元动漫社、Chaplin 表演社等艺术社团，定期举办社团汇报演出。每学年举办一次科技文化艺术节，开展包括歌唱、演讲、书法、科技创新等门类的比赛。近年来，美术专业每年都有一批学生被清华大学美术学院、中国美术学院、中央美术学院等名牌院校录取。

认真落实《关于加强中小学劳动教育的意见》《中小学综合实践活动课程指导纲要》，积极建设"卿创馆""勤实"生态茶园等五大劳动实践教育基地，整合校内外教学资源，发挥社区和地方教育资源的功能，开展符合学生特点的教育实践活动。倡议"垃圾不落地"，组织学生进行校内劳动。每年寒暑假布置社会实践活动作业，要求学生撰写社会实践活动报告。

四、重内涵，教学业绩节节攀升

学校积极呼应课程改革需要，着力构建创新教学方式，引导学生形成以自主探索性学习、合作学习、探究学习为主的学习方式，让师生的教与学方式向多元化、探究型转变。推出结合学生实际的校本练习，提高教学有效性；执行周练习布置、批改及抽查制度，强化学生知识掌握；立足千年文庙，创新教育模式，将儒学经典融入各学科的日常教育教学之中。全面推广高效课堂教学模式，在"读读、议议、练练、评评"的课堂主线下，结合所培养学生素质能力类型特点，推进启发式、探究式、讨论式、项目式、翻转式等多样化的课堂教学方式，并通过全面开展教师技能大赛给予肯定与推广。

作为衡量一所学校教育教学质量重要标准之一的高考成绩，学校年年有新面貌，每年为清华、北大输送优秀学子；上985、211人数以及本一率、本科率逐年攀升；艺体生成绩稳步提升，每年不间断为各艺体名校输送人才；学校指导学生通过学科竞赛、强基计划、高校专项等项目不断拓宽升入名校的渠道。五大学科竞赛捷报频传，截至2021年底示范高中建设周期结束时，学校在五大学科竞赛中共收获29枚国家奖牌（4金、12银、13铜），省一等奖获奖人数累计达111人，并有1人入选国家集训队。

五、求品位，校园环境持续优化

学校认真挖掘和盘活现有资源，根据学校财力和教学需求，不断提高硬件设施品位，为省级示范性高中建设创造必要软硬件条件。基于"环境课程化"理念，全面规划建设校园，完成校大门改造，教科研楼、体育馆建设，完善体育馆内部设施及各运动锻炼场地设施，完成新的体育特色项目攀岩以及赛艇基地建设并投入使用。投入近2000万元对图书馆、实验室、录播室等主要功能室及食堂进行改造，完成功能室设备设施更新，新建通用技术专用教室和劳动实践基地。融合茶文化与儒家文化，装修布置学生阅览室与教师阅览室。稳步推进智慧校园建设，完成"至道"智慧校园系统建设，与学校"钉钉"等其他教育教学平台融合，建成学生电子阅览室，提升信息化水平。完善校园各个文化阵地建设，完成蛟腾广场、凤起广场、勤实广场及各类文化景观园区建设，并在校园环境中融入闽南文化及儒学元素，实现校园环境课程化，校园文化品位不断提升。

六、聚合力，共建帮扶成效显著

自开展省示范性建设高中对口帮扶工作以来，学校充分发挥优质教育资源的辐射和带动作用，开展校际合作，加快其改革发展和达标晋级创建，取得显著成效，赢得广泛认可。累计开展校际交流10多场，开设32节教学观摩课和20场主题讲座，参与师生1700多人，125人参加学校组织的帮扶共建"1+4"教研共同体线上研讨活动。外派 7 名骨干教师到帮扶校开展为期 1 年的帮扶活动，接待帮扶校 20 多人分批来校跟岗学习。学校组织学生交流活动 4 场，70 多位师生参与。除此之外，学校还充分利用"互联网+"线上资源推送，与帮扶校共享学校 9 个学科、20 个团队研发的优秀校本作业和 10 门精品校本课程，学校骨干教师的示范课教学设计、视频以及教师获奖的"一师一优课"、微课等 139 节教育资源也及时与帮扶校共享，实现优质资源共享。

栉风沐雨勤耕耘，春华秋实满庭芳。一百年来，学校赓续千年文脉，始终坚守教育初心，勇担育人使命，不断深化改革创新，为高等教育输送了一批又一批优秀学生，桃李芬芳，人才辈出，为国家教育事业发展作出了重要贡献。

薪火传承创伟业，与时俱进谱华章。习近平总书记强调，建设教育强国，基点在基础教育。新时代新使命，基础教育作为国民教育体系的根基，事关国家发展和民族未来，对培养堪当民族复兴重任的时代新人具有重要奠基作用。学校将继承和发扬优良办学传统，深化教育教学改革，推进素质教育发展，为建设教育强国筑牢基础教育"基点"贡献力量。

第二节　传承优秀文化基因　再续时代发展篇章

习近平总书记指出，"中华文明源远流长、博大精深，是中华民族独特的精神标识，是当代中国文化的根基，是维系全世界华人的精神纽带，也是中国文化创新的宝藏。"安溪文庙这座凝固了悠久历史与文化的建筑，承载着一种精神能量，千年神庙与传统书院为安溪一中赋予了深厚的儒学底蕴，对师生的成长起到重要的潜移气质、修养精神的作用，学校在近百年的办学历程中，逐渐形成"文庙渊源·儒学底蕴"的独特校园文化。

2024 年学校迎来百年华诞，新征程新使命，百年老校再出发。党总支书记、校长林添才为百年一中规划新蓝图。学校将秉承"勤·实·严·毅"校训精神，弘扬"勤奋笃实·严谨刚毅"优良校风，传承优秀文化基因，以"学生清澈、教师清亮、家长清爽、管理清新"为办学目标，延展

"文庙渊源",厚植"儒学底蕴",全面落实立德树人根本任务,整体提升办学水平,推动学校优质发展,把学校办成一所俱备现代品性的示范高中校。

一、学子形象

岁月的列车没有终点站,时代的接力棒总会传到新一代学子手上。溯源历史,以"学子形象"为线,我们可以看到学校百年教育文化的传承与嬗变。今日的安溪一中在教育教学事业高质量发展的征程中昂首迈进,将着力构建新时代安溪一中"学子形象"核心素养体系。

(一)凝练学子形象

新时代安溪一中学子形象根植百年树人传统,凝练未来新人素养,汇聚家校教育合力,统筹课程规划实施,是学校育人目标的一种形象化、概括化表述。学子形象教育,围绕学生"五育并举"五个维度,在内涵上注重"魂"、在价值上彰显"正"、在结构上致力"美"、在形式上突出"新",是一次思想与价值的熔铸、教书与育人的熔合、德育与美育的熔炼,体现了新时代学校立德树人的新担当、新作为,必将激励学校学子未来成为全面发展的明德之人、仁爱之人、至善之人、美美之人,也凝聚社会对育人目标、人才规格的广泛共识。

(二)以学子形象引领高中育人模式转型

结合学校课程开发实际和发展需求评估,充分挖掘、整合现有教学资源,面向学生开设形式多样、内容丰富的课程。现有课程涵盖了人文素养类、科学探索类、学科拓展类、艺术修养类、实践活动类等多个领域,课程内容丰富,基础性和发展性兼具,现实性和主体性并行。在课程顶层设计方面,落实"勤实严毅"四大课程体系。"勤"课程,即明学课程,主要打好学业基础,培养学生重要知识、关键能力和基本素养;"实"课程,即明才课程,注重个性发展,培养学生实践、创新能力,强调学习实践,凸显学习体验,追求学习生成,落实学习效果;"严"课程,即明养课程,培养学生科学、艺术、文化、运动等素养,整合科学与艺术,立足现状,着眼未来;"毅"课程,即明本课程,培养学生高尚情怀和意志品格,使学生唯实唯真,向善向美。基于这样顶层设计,学校着力在"科、工、文、艺"四大领域探索,建立明伦书院、考亭书院、创新实验班三大特色班型,创新课程设置,立足班级实际,打造班本化课程群,特色育人,促使学校多样化发展,最终促进每个学生全面而有个性的发展。

(三)构建"多元第一"素养评价体系

学校以办好人民满意的教育为目标,促进学生全面发展。学校坚持以学生的发展为基本点,在保持"学习本位"基础上,综合思政、学业、能力、文体、实践五个维度,对学生评价的内容多元化,既重视学生的学习成绩,也重视学生的思想品德以及多方面潜能的发展,将"五育"发展成果充分融入素养评价体系当中,打破过去"唯分数""唯奖状""唯升学"的顽瘴痼疾,注重学生创新能力和实践能力,让更多的孩子在感受激励中走向成功,让更多的孩子在无限可能中找到适合自己的那条路。建立符合素质教育要求和新课程理念的发展性评价体系和教学水平监控体系。结合《安溪一中学生素质发展评价手册》,通过至道平台,创建富有学校特色的学生发展网上评价系统,完善学生学习过程的管理制度和综合素质评价,落实与学生成长记录相结合的档案袋管理制度,对学生进行多元评价、绿色评价和有效评价。

二、学者成长

教师是立教之本、兴教之源,承担着让每个学生健康成长的重任。建设一支师德高尚、业务精湛的教师队伍是学校教育教学质量稳步提升的关键。学校将把培师德、铸师魂放在首位,优化营造好"源头活水·教学相长"的教风,结合"双减"和"五项管理"相关政策,强化举措,全面提升教师专业素质能力。

(一)拓展名师发展路径

从个人与团体两方面双向发力,一方面建立健全名师工作培训制度,建立"青师→能师→优师→名师"的成长型教师发展体系,依托线上线下、"内引外派"融合的混合式培养模式,形成教师成长系列沙龙、讲座、公开课、教师技能大赛等多样化培训形式,"走出去,请进来"结合,争取高校资源,丰富培训内容,推动教师培训提质增效;同时鼓励教师根据学校发展规划,结合自身情况制订个人专业发展五年规划以及年度发展计划,促进自身更快速地成长。另一方面,发挥团队合作精神,齐心协力共谋发展。学校要求学科教研组制订学科三年发展规划,用教研指引教学,细化规划,落实好"三年一盘棋"大循环的"传帮带",从学科专业前沿研究、学科教学技术、教师技能成长等方面,制订、细化具有可操作性的学科名师发展方案,不断完善学科发展规划,探索课程变革走向及专业研究,做到教中有研,以研促教,以教启研,教研相长。

(二)实施"大先生"计划

持续推进教师群体教研活动专业品质提升行动,建立学科组、教师个人相结合的培训体系,加强学校专业社群建设,形成常态化的社群运作样态。持续推进"高层次人才梯队"培育,着力优化教师队伍配置与管理。一是加强对高学历教师的引进,打破师范壁垒,坚持到师范及名牌高校招聘非师范专业的优秀研究生,提高教师队伍的高学历比例。二是以省市"名优教师(校长)培育工程"为契机,加大名优教师的培养工作,争取与高校对接,设立相关的继续教育和评价机制,加快骨干教师队伍和各级学科带头人、名师队伍建设。三是做好教师"县管校聘"改革相关工作,配齐建强思政课教师队伍。学校将践行"一年适应、三年合格、六年优秀、九年骨干、十五年一方名师、二十一年省级名师"的教师成长规划,让每位教师不停留于只做传授书本知识的教书匠,而要成为塑造学生品格、品行、品味的"大先生"。

三、人才培养

党的二十大对全面提高人才自主培养质量,着力造就拔尖创新人才提出新的要求。学校将坚持"以人为本·守正创新·面向全体·关注个性"的办学理念,彰显"多元第一·品质引领"的办学特色,以"博学笃行·

爱拼敢赢"的学风引领学生"成就最好的自己"。

（一）构建面向专业大类的学校课程体系

着眼立德树人根本任务，优化学校课程方案，建构面向专业大类的学校课程体系，与高校13个学科大体对应建构工程实验、生命医学、数理、人文、法律经济、艺术设计、体育军事7个专业大类，在自主开发课程的同时，与高校教师一起打造育人共同体，进行双高合作，引进高校、科学研究所等前沿成果、先进理念，让学生体验大学专业大类的课程，以学科典型的学习方式去学习，在提升学生科学素养的同时，帮助他们认识自我、规划未来，变"为分而学"为"为爱而学"。

（二）健全课程实施与评价的管理机制

其一，进一步完善教师发展性评价机制，以提高师德素养为核心，探索基于教学绩效、体现过程性的教师评价制度，统筹教师评价与师生发展评价，促进教师提升课程教学能力、课程开发能力、课程创生能力，更加全面、科学、准确地评价教师教学业绩。其二，进一步完善学生数据服务平台，加快学生学习成长记录的大数据采集与应用，校本化实施综合素质评价，完善以纵向自评为主、促进学生全面发展的有效评价制度。创设多种形式、校内外开展的素质教育活动，指导学生增长见识、开阔视野、养成品格、形成能力，形成以学生终身发展为落脚点的学生发展性评价机制。

（三）探索学科育人有效路径

近年来，学校初步形成了"基础课程—拓展课程—学术课程—特色课程"的课程体系，在教学、学科奥赛、体育、艺术等方面为学生的多元发展搭建了良好平台。学校将深化尖子生培养机制改革，继续探索初高中"2+4一体化"尖子生培养模式，依托学校学生发展规划中心平台，对学生能力结构进行全面诊断，完善分层教学、因材施教方略，让尖子生吃得饱，走得远，为国家强基计划招生输送人才。学校将继续推进学科奥赛，坚持靶向培养，做到学科奥赛与高考培优的紧密结合，学科奥赛拔尖与高校强基计划招生的无缝对接。进一步完善奥赛辅导团队定期开展会诊教研制度，在目标修正、知识点调整、方式优化等方面做到适时而变，以适应新高考的选才需求。

四、育人环境

根据学校建设规划，到 2025 年，学校基本形成结构优化、集约高效、安全可靠的教育新型基础设施体系，并通过迭代升级、更新完善和持续建设，实现长期、全面的发展，为打造现代品性新样态学校以及教育事业的进一步完善与提升搭建大舞台。

（一）不断升级基础设施

通过项目建设完善基础设施，持续完善教科研楼、体育馆等内部设施、运动锻炼场地设施，改造升级图书馆、实验室、录播室等主要功能室和食堂设备设施，加强通用技术专用教室、劳动实践基地建设，为学校运行发展和教育教学活动开展提供坚强保障。

（二）不断加强智慧校园建设

以争创省智慧校园示范校为契机，整校推进国家教育信息化 2.0 计划，开展教育信息化运用校本培训，竭力挖掘、开拓信息技术资源，创设智慧课堂教育环境，发挥智慧课堂互动、反馈、分析等各功能优势，促进信息技术与课堂教学的有效融合。进一步丰富线上学习平台功能模块与学习资源，构建教学与学习行为的数字化记录与分析功能平台，形成线上线下混合式学习、课内课外各学科互相融通的学习新生态。

（三）不断优化校园环境

重视校园环境"以文化人、以美润品"的育人功能，创建高品位的校园教育环境，提升育人环境品位。对标文明校园"六好建设"，提高建设标准，冲刺创建全国文明校园。倾力打造教室"书房化"、宿舍"宾馆化"、环境"课程化"等，营造能体现科学精神、民主精神、创新精神的高品位、高质量的校园文化氛围。

五、治理体系

建设高质量教育体系要求加快推进教育治理体系和治理能力现代化，从"管理"走向"治理"，实现学校管理效益和办学质量的提升。学校将在"守正"上力求"创新",坚持学校治理与新时代发展同向同行,引领学校内涵式发展、高质量发展。

(一)构建以项目推进为抓手的"学术与行政双轮驱动""项目制管理多点互动"动力系统

推进管理工作重心下移,优化处室职能,加强业务指导,落实精细化管理。不断完善"年段负责制"的管理模式,充分发挥年段长在年段管理中的主导性作用,充分调动一线教师的积极性和能动性,形成了年段与年段、班级与班级之间的良性竞争,在竞争中共同发展的新局面,实现从"行政控制"的单轮驱动向"学术领导"与"行政管理"的双轮驱动的治理转型,不断提高管理水平。培养教师学术领袖,由学校名师团队构建"书院制"创新教育体系,做好专业示范、做到有效指导、强化组织管理、促进专业交流,起到引领和团结全体教师的作用,努力实现让管理出实效。

(二)构建"增值评价"考核评价机制

以"成长是最美好的姿态"的增值理念,体现学校是"教师成长的沃土,是学生成长的乐园",突出"增值""进步"思想,把促进师生成长作为解决限制学校发展深层问题的突破口,对学生的学习成绩、教师的教学效果、学校特色项目(如"项目式学习"等)采用增值评价,让每位教师和学生都能看到自身的努力被肯定,充分调动师生的主动性和积极性。同时,探索增值评价与其他评价方式的衔接与融合,形成教育评价合力。

六、示范辐射

在发挥福建省示范性普通高中建设学校优势,开展结对帮扶共建、示范辐射基础上,进一步通过发挥校董会、校友会的桥梁作用,提升学校影响力,争取办学资源,推动学校新发展。

(一)发挥校董会作用

校董会作为链接学校和社会的桥梁,加强社会与学校的相互联系,以助推学校教育创新、开放、多元为己任,在筹集资金、奖教助学、改善办学条件、组织文化交流、扩大学校影响等方面作出贡献，对学校工作进行民主监督，促进学校教育高质量发展。

（二）发挥校友会作用

校友是学校重要的资源和财富，校友工作是学校工作的重要组成部分。以百年校庆为契机，进一步搭建好校友与母校间交流与合作的平台，深耕校友资源，厚植校友情怀，切实让广大校友充分感受到来自母校的温暖与真诚，为把学校建设成为"具有现代品性的示范性高中校"而共同奋斗。

凤山岩峣气郁苍，蓝水奔流势浩荡。其间吾校巍然立，济济多士萃一堂。每一个为安溪一中付出努力的人，历史都将记住他们。总有一段时间，会在见证中铭记；总有一股力量，会在奋斗中凝聚；总有一份骄傲，来自参与者奉献的记忆；总有一种荣光，来自一代代人创造的业绩！弦歌不辍，薪火相传，这就是百年一中的传奇。